rspitze
Großvenediger
3674 m
Lasörling
3098 m
hnspitze
Gsellknoten
2864 m
Rötspitze
3495 m
Dreiherrnspitze
3499 m
Weiße Spitze
2963 m
Eichham
3371 m
Hochgrabe
2951 m

SEXTENER DOLOMITEN

Wesentlich erweiterte
Neuausgabe von
Karl Springenschmid
„Sieben Tage Sexten“

Karl Springenschmid

Sextener Dolomiten

Klassisches Bergland um die Drei Zinnen

Bergverlag
Rudolf Rother GmbH
München

Einband-Farbbild:
Drei Zinnen (rechts) und
Torre Wundt (links) von oberhalb der
Fonda-Savio-Hütte, Cadingruppe
Foto Reinold Leitner

Die Karte auf der Einband-Rückseite
ist ein Ausschnitt aus der
Wanderkarte Sextener Dolomiten
1 : 50 000
(Beilage zum „Kleinen Führer durch
die Sextener Dolomiten“ von
Alois Haydn, 5. Auflage 1978)

Zeichnungen der Kapitelanfänge von
Karl Bedal

Bildnachweise der 26 Farbseiten und
20 Schwarzweiß-Aufnahmen auf
Seite 135.

Neubearbeitung des vom gleichen
Verfasser stammenden Buches
„Sieben Tage Sexten“,
erstmals 1965 erschienen, wobei der
Text wesentlich erweitert, auf den
neuesten Stand gebracht und durch
neue Farbbilder ergänzt wurde.

ISBN 3 —7633 — 7335-7
Hergestellt in den Werkstätten
Rudolf Rother GmbH, München
(1977 / 80420)

Inhaltsverzeichnis

Sexten zu erreichen 7

Erster Tag:
Innichen und der Helm 11

Zweiter Tag:
Sexten und die Rotwand 25

Dritter Tag:
Kreuzberg und Alpiniweg 47

Vierter Tag:
Innerfeld, das Tal der Stille 55

Fünfter Tag:
Fischleintal und Zwölfer 65

Sechster Tag:
Altensteintal und Paternkofel 82

Siebenter Tag:
Gottes eigenwilligste Schöpfung — die Drei Zinnen 95

Die zweite Woche:
Cadinspitzen — Bladen 117

Bilder-Verzeichnis 134

Sexten zu erreichen . . .

ist nicht ganz einfach; denn man muß zuvor das Pustertal passieren, das sich als breite, fast 100 km lange Talfurche parallel zum Alpenhauptkamm von Brixen bis Lienz hinzieht. Dieses Pustertal, von dem das Tal von Sexten abzweigt, ist ein typisches Alpental: Sehr viel Wald, der schattseitig bis ins Tal herabsteigt, sonnseitig hoch hinauf die Höfe der Bauern, darüber weite Almen, auf die von Norden her die Eisgipfel und Gletscherfelder der Zillertaler und der Hohen Tauern niederschauen, während im Süden die bizarren Felsklötze der Dolomiten erscheinen.

Und das Besondere des Pustertales: Während andere Längstäler der Alpen von einem einzigen Gewässer durchflossen werden, etwa das Tal des Oberpinzgaus von der Salzach, das Wallis von der Rhone, liegt in der Mitte des Pustertales eine Wasserscheide, von der die Rienz nach Westen, die Drau nach Osten abfließt. Aber diese Wasserscheide, die in der Politik Südtirols eine große Rolle spielt, fällt in dem gleichmäßigen Aufbau des Tales kaum ins Auge. Von hundert Autofahrern, die an Toblach vorbeikommen, bemerkt kaum einer, daß unweit dieses Dorfes, auf dem sogenannten Toblacher Feld, ein so bedeutender Strom wie die Drau entspringt.

Wer vom Brenner herabkommt, muß kurz vor Brixen in das Pustertal einschwenken. Hier, bei der von Kaiser Franz erbauten Franzensfeste, die niemals einen Krieg gesehen hat, zweigt auch die Bahn, die alte, österreichische Südbahn, von der Brennerstrecke ab. Wer hingegen den zwar weiteren, landschaftlich aber unvergleichlich schöneren Weg über die Großglockner-Hochalpenstraße wählt, kann damit das Pustertal erreichen. Mit der Felbertauernstraße, durch welche die von Kitzbühel über den Paß Thurn nach Mittersill führende Strecke bis Lienz verlängert wurde, ist ein neuer Zugang von Norden her zum Pustertal geschaffen.

Im übrigen haben die Sextener selbst, so merkwürdig es klingen mag, alles getan, damit man weder von Deutschland noch von Italien aus nicht zu schnell nach Sexten kommt! Mit aller Wucht und Vehemenz, die den Menschen dieses Tales eigen ist, haben sie sich gegen das Projekt der sogenannten „Alemagna“ zur Wehr gesetzt. Im Zuge des alten Handelsweges, der von Venedig durch das Cadore und über Cortina nach Tirol und weiter bis Augsburg führte, sollte nun eine Autobahn gebaut werden, die Venedig auf kürzestem Weg mit München verbindet. Von der Inntal-Autobahn abzweigend sollte die Trasse in das Zillertal führen, den Alpenhauptkamm in einem Tunnel durchqueren und das Pustertal erreichen. Über den Kreuzbergpaß und das Cadore sollte die „Alemagna“ unmittelbar Venedig erreichen.

Vom Pustertal aus zeigt sich im Südosten die Gruppe der Sextener Dolomiten: Links Rotwand und Elfer, von Wolken teilweise verdeckt, gefolgt vom Zwölfer, von dem sein Unterbau und eine Andeutung des Gipfels sichtbar ist. Nur die Dreischusterspitze, höchste Erhebung der Gruppe, ist frei, ebenso ihr Ausläufer, der Gsell.

Mit dem Einsatz großer finanzieller Mittel wurde dieser Plan insbesondere von italienischer Seite, vorangetrieben und, um dem Projekt möglichst vorzugreifen, eine Trasse bis an das Cadore herangeführt. Auch in München interessierte man sich für diesen Plan. Vom Anfang an wandte man sich in Cortina gegen die „Alemagna“, obwohl das weite Talbecken des Ampezzo einer guten Trassierung manche Möglichkeit geboten hätte. So kam Sexten und der Kreuzbergpaß ins Gespräch. Dies aber war für die Sextner das Signal. Eine Protestkundgebung, die einem Volksaufstand gleichkam, wandte sich erbittert sowohl gegen die amtlichen Stellen in Venedig wie in München und suchte bei der Provinzverwaltung in Bozen Hilfe. Kein Zweifel, ein breites Betonband mitten durch dieses sehr enge Bergtal hätte diese einzigartige Landschaft völlig zerstört. Es gab Bilder, auf denen gezeigt wurde, wie das Fischleintal, dieses kostbare Juwel, dem das Herz aller Bergsteiger gehört, durch einen häßlichen Viadukt entstellt werden sollte.

Als die Sextner im Lande selbst nicht den nötigen Rückhalt fanden, wandten sie sich, geführt von ihrem Bürgermeister Franz Villgrater, mit Leidenschaft an die deutsche Öffentlichkeit. In unzähligen Schriften und Flugblättern wurde auf diesen brutalen Eingriff in die gewachsene Berglandschaft von Sexten hingewiesen. Maßgebende Persönlichkeiten, wie Luis Trenker und viele andere traten auf die Seite der Sextner, Vereine und Organisationen stellten sich zu ihnen. Die Bergsteiger in aller Welt protestieren mit Nachdruck gegen diese Verunstaltung eines der schönsten Berggebiete der Alpen. Zwar ist noch nicht das letzte Wort darüber gesprochen. Doch die Menschen in Sexten haben so eindeutig und überzeugend die Ablehnung der „Alemagna“ bekundet, daß die Gefahr für Sexten wohl für immer beseitigt ist. Außerdem hat man inzwischen, falls es überhaupt zum Bau der „Alemagna“ kommen sollte (was noch keineswegs sicher ist), eine Ersatzlösung gefunden: Weder über Cortina noch Sexten, sondern direkt vom Cadore aus soll das Höhlensteintal bei Toblach erreicht werden.

Das Pustertal hat es überhaupt an sich. Freilich, wer den Süden sucht, muß seine Ungeduld bezähmen. Hier, im „grünen Tal Tirols“, wie man das Pustertal nennt, wächst noch kein Wein. Hier erinnert noch nichts daran, daß kaum eine Autostunde weiter südlich im Etschtal bei Bozen schon Zitronen- und Feigenbäume stehen. Das Pustertal, obwohl südlich der Zentralalpen gelegen, ist noch ganz eine Landschaft nördlicher Art. Doch es lohnt

sich, in einem der schmucken Dörfer Rast zu machen. Die Pusterer sind prächtige Menschen, ihrer Herkunft nach Bajuwaren. Vor mehr als tausend Jahren sind sie in dieses Tal gekommen, haben es besiedelt und sind, obwohl gute Tiroler, stammlich gesehen immer Baiern geblieben. Ja, man hat festgestellt, daß sich die typischen Eigenschaften des bajuwarischen Volksstammes, ein urkräftiges, geradliniges Wesen, eine Offenheit, die manchem grob erscheint, die Lust, überall zuzufassen, gesunde Lebensfreude, Draufgängertum und „Schneid" nirgends so deutlich erhalten haben wie bei den Bauern des Pustertales, Eigenheiten, die man noch in gesteigerter Form bei den Sextner Bauern feststellen wird. Kein Wunder, daß es in diesem urbairischen Hochtal immer die besten Bergführer gegeben hat.

Das Gebiet von Innichen und Sexten ist in bezug auf Landschaft und Besiedlung, also nach Natur und Menschen, nicht nur der höchst gelegene, landschaftlich schönste, sondern auch der weitaus interessanteste Teil des Pustertales. Die Fahrt von Brixen oder von Lienz herein bereitet uns in köstlicher Art auf das vor, was uns in Sexten erwartet. Ja, die Fahrt durch dieses stille, einsame Tal gleicht einer Ouvertüre, in der die einzelnen Motive anklingen und uns die Größe und Schönheit des Ganzen ahnen lassen. Schon taucht über dunklen Waldkulissen ein einzeln stehender, kühner Felsturm auf, von dem wir noch nicht recht wissen, wohin er eigentlich gehört. Wieder versperren waldige Höhen den Ausblick. Dann schießt unvermittelt ein steiler, von Zacken gekrönter Gipfel auf und verschwindet wieder, bis sich uns endlich, in Innichen angekommen, das Wunderland der Dolomiten in seiner ganzen Größe offenbart.

Erster Tag: Innichen und der Helm

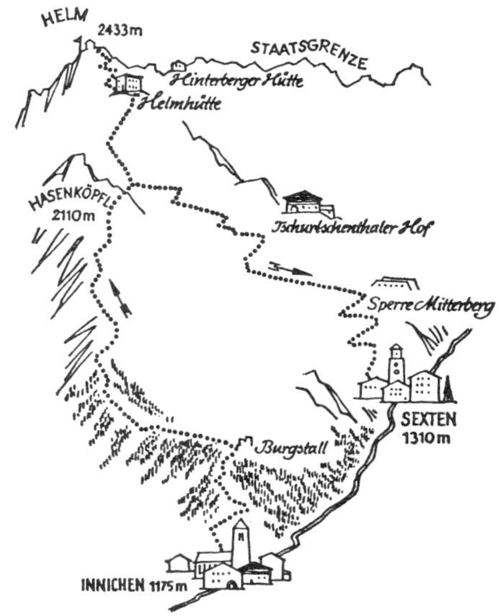

In Innichen anfangen, klar; denn Innichen ist nicht nur die einzige Bahnstation des Sextner Gebietes, sondern hier zweigt auch die Straße, die südwärts nach Sexten führt, aus dem Pustertal ab. Doch nicht allein aus geographischen Gründen ist es richtig, diese Fahrt in Innichen zu beginnen, auch die Geschichte spricht dafür; denn von Innichen aus, das schon im Jahre 769 als Benediktinerabtei gegründet wurde, ist dieses Land besiedelt worden. Wir wandern also von Innichen her nicht nur durch die Landschaft, sondern auch durch die zwölf Jahrhunderte seiner Geschichte.

Der erste Eindruck ist großartig: Quer über das breite Tal gesetzt, von Wiesen und Feldern umgeben, von herrlichem Hochwald umschlossen, liegt Innichen, die alte Hofmark, vor uns. Die Drau, noch ein kleines, harmloses Wiesenbächlein, ist kaum zu entdecken, während der Sextner Bach, um vieles stärker als die Drau, ungestüm aus dem Seitental herandrängt. Im Blickfeld aber liegt vor allem der mächtige Grat des Haunolds, eine Flucht von Türmen, Pfeilern und Zacken; der am weitesten gegen das Pustertal vorgeschobene Eckpfeiler der Sextner Dolomiten. Doch als Zeichen dafür, daß der Besucher dieses Gebietes noch mehr zu erwarten hat, als der Haunold zeigt, blicken ihm zwei andere Dolomitengipfel über die Schulter, der Gsellknoten und die Dreischusterspitze, die den Haunold um mehr als 200 m überragt, wie es überhaupt für die Sextner Dolomiten typisch ist, daß, wo immer wir stehen, unsere Neugier niemals völlig befriedigt, sondern überall zum Nächsten, dem Höheren noch Schöneren weitergeleitet wird. Der Haunold, der uns über seinen Gipfel hinweg die Dreischusterspitze andeutet, macht damit den Anfang. Ihm gegenüber aber steigt zum Ausgleich aus weiten, flachen Almböden die grüne Helm empor, mit dem der gemächliche Höhenzug der Karnischen Alpen einsetzt. In der Gegensätzlichkeit dieser Berggestalten — hier abweisende, wild zerrissene, zerklüftete Grate und Türme, dort anmutige, weit ausschwingende Gipfel — eine Gegensätzlichkeit, die köstlicherweise auch in den beiden Namen „Haunold" und „Helm" zum Ausdruck kommt, kündigt sich jener Formenreichtum des Sextner Berg-

Das linke Bild zeigt den Gipfel der Hochbrunnerschneide, 3061 m, links vom Steinmann die Dreischusterspitze, rechts der zerrissene Gipfel des Elfers. Die Hochbrunnerschneide ist der einzige auch dem geübten Bergwanderer zugängliche Dreitausender der Sextener Dolomiten, allerdings sind Trittsicherheit und Orientierungssinn notwendig.

Das Bild auf der rechten Seite zeigt ein weiteres für erfahrene Bergwanderer unschwierig erreichbares Gipfelziel, die Schusterplatte nördlich der Zinnenhütte, auf Seite 114 unten erwähnt. (die schwerbepackten Bergsteiger marschieren ins Tal, für die Schusterplatte wäre ihre Ausrüstung unnötig).

landes an, der sowohl dem einfachen Wanderer, wie auch dem geübten Alpinisten, dem extremen Felskletterer unbegrenzte Möglichkeiten verheißt.
Der Ort selbst, heute nahezu 3000 Einwohner zählend, wirkt zunächst wenig einheitlich; denn Innichen ist seit dem Jahre 1919 zum Grenzort geworden. Neben den italienischen Zoll- und Grenzbehörden mußte Innichen außerdem noch ebenso wie das nahe gelegene Toblach eine italienische Garnison aufnehmen. Der Ort erhielt auch einen italienischen Namen. Nachdem sich der alte Name „Innichen" schwer übersetzen ließ, hat man sich an den Kirchenpatron, den Heiligen Candidus gehalten und den Ort „San Candido" genannt (ein Name, der übrigens häufig falsch ausgesprochen wird. Die Betonung liegt nicht auf der zweiten Silbe, sondern auf der ersten, also auf dem a).
Erst wenn man alles, was während dieser vier Jahrzehnte an Zweckbauten erstanden ist, abzieht, entdeckt man das alte, anheimelnde Innichen wieder, das mit seinen Bürgerhäusern und den schönen, stattlichen Gasthöfen den Raum des alten Siftes umgibt. Hier im eigentlichen Kern des Ortes, vor allem in der alten Stiftskirche, spricht die Geschichte deutlich zu uns. Innichen ist die älteste, urkundlich beglaubigte Pfarre des gesamten deutschen Sprachraumes südlich der Alpen. Die in der Bayrischen Nationalbibliothek in München verwahrte Stiftungsurkunde aus dem Jahre 769 beginnt mit den Worten: „Ich, Thassilo, Herzog von Bayern, schenke und übergebe aus eigener Vollmacht den Ort, genannt Intichinga, dem Abte Atto, zur Erbauung eines Klosters und zu dessen Unterhalt."
Vor allem sollten von diesem Kloster aus die Avaren, die in das Pustertal eingedrungen und von den Baiern zurückgedrängt worden waren, bekehrt werden. Das Stiftsarchiv verwahrt außerdem eine kostbare Urkunde aus dem Jahre 965, die besagt, daß Kaiser Otto I. das Kloster Innichen, das bisher zum bairischen Hochstift Freising gehört hatte, zu einer eigenen freien Herrschaft erhebt. Später wurde die Benediktinerabtei in ein weltliches Chorherrnstift umgewandelt, das heute als Kollegiatstift zur Diözese Brixen gehört. Die Lateinschule der Innicher Chorherren wurde im Mittelalter zu einer angesehenen Bildungsstätte.
Da hat man sich also in abgelegene Berge verzogen und mit einem Wald- und Wiesenurlaub gerechnet, also einem etwas einseitigen Naturerlebnis, und trifft hier in Innichen auf ein politisches Kulturzentrum des frühesten Mittelalters, auf einen Ausstrahlungspunkt, dessen Wirkung und Aufgabe jeden, der ein Herz für die Geschichte unseres Volkes und dieses Landes hat, auf das höchste beglückt. In dem Historiker und Heimatforscher Dr. Egon Kühebacher besitzt Innichen einen berufenen Mann, die Schätze aus der ottonischen Zeit zu wahren und zu hüten. Von ihm durch Innichen und zu seinen historischen Schätzen geführt zu werden, ist ein unvergeßliches Erlebnis. Im Jahre 1969 feierte Innichen in überzeugender Form die Erinnerung an die Gründung dieses Stiftes vor 1200 Jahren. Außerdem nahm man dieses einzigartige Jubiläum zum Anlaß, um den im Laufe der Zeit vernachlässigten Dom einer gründlichen Restaurierung zu unterziehen.

Wer also in das Sextner Bergland fährt, kommt nicht in ein fernes, hinterwäldlerisches Bauernland, sondern betritt uralten, geschichtsträchtigen Boden. Es lohnt sich, neben den reichen, vielfältigen Erlebnissen in der Landschaft auch diesen stilleren Dingen nachzugehen, die dem Urlaub Tiefe und Gehalt geben können. Vor allem wird man, möglichst unter fachkundiger Führung, die alte Stiftskirche besuchen, die im Jahre 1241, also vor mehr als siebenhundert Jahren, erbaut wurde und im wesentlichen in ihrem ursprünglichen Zustand erhalten geblieben ist. Es ist das romanische Tirol, das uns in diesem Bauwerk entgegentritt. Darin liegt für jeden Kunstfreund ein besonderer Reiz; denn in Tirol wurde das Gotische bestimmend, und im Grunde genommen ist Tirol bis heute ein Land der Gotik geblieben: Weder Renaissance noch Barock haben, von einigen Einzelfällen abgesehen, daran Wesentliches geändert. Daher stellt die Stiftskirche zu Innichen das einzige größere und geschlossene kirchliche Bauwerk Südtirols aus romanischer Zeit dar. Dieses romanische Münster inmitten der Tiroler Berge bietet in seiner dreischiffigen Anlage mit dem vorspringenden Querhaus und der schönen Vierungskuppel einen ungewohnten Anblick.

Der Turm wurde erst achtzig Jahre später errichtet. Man entdeckt an der Ostseite des Turmes die Jahrzahl und die eingemeißelte Inschrift des Erbauers: „Markward praepositus 1322." An den weiteren, in den Stein gemeißelten Jahreszahlen kann man ersehen, wie weit der Turm in jedem folgenden Jahr höher gebaut worden ist. Sehr schön sind die beiden Portale, das sogenannte Löwenportal an der Nordseite, und das Südportal, das im Bogenfeld eine Darstellung der Majestas Christi mit den Symbolen der vier Evangelisten enthält. An diesem besonders schönen Portal wird ein aufmerksamer Besucher unter dem reichen bauplastischen Schmuck auch das Bildnis des Steinmetz entdecken, der sich hier, klein und bescheiden, doch immerhin sich selbst und seiner Kunst bewußt, verewigt hat.

Michael Pacher, der Schöpfer der berühmten Flügelaltäre von St. Wolfgang und Gries bei Bozen, der selbst aus dem Pustertale stammt — er wurde in Bruneck geboren — hat für diese Kirche an der Außenseite des Südportales ein Gemälde geschaffen, das Kaiser Otto I. mit den Bischöfen Kandidus und Korbinian darstellt. Überaus eindrucksvoll aber ist der romanische Kruzifixus über dem Hochaltar, den das Volk den „Innichner Herrgott" nennt. Das Werk ist älter als die Kirche, es dürfte um das Jahr 1000 in der Schule des Klosters entstanden sein. Es ist wohl eine der schönsten, erhabensten Darstellungen des Gekreuzigten, die es aus dieser frühen Epoche gibt. In strenger Symmetrie ist der Leib dargestellt. Das Antlitz strahlt hoheitsvolle Würde aus. Die Krone ist erst später hinzugefügt worden. Das goldene, von Strahlen umgebene Herz ist ein Werk der Barockzeit.

Im Nachklang zu diesem unvergeßlichen Erlebnis freut man sich noch über die kleine Kapelle beim Friedhofseingang mit schönen Fresken aus der

EDEN

Innichen, das alte Stift, von dem aus vor tausend Jahren das obere Pustertal kolonisiert wurde. In der Mitte des Ortes die romanische Stiftskirche, rechts die barocke Pfarrkirche. Aus den Talnebeln taucht der Haunold auf.

Mitte des 15. Jahrhunderts und über das reizende, zwischen Friedhof und Propsteigebäude gesetzte Bildstöckl mit Malereien der Brixner Schule. Doch Innichen, das, wie gesagt, kunstgeschichtlich völlig aus dem Rahmen dessen fällt, was sonst in Tirol üblich ist, hat noch eine Überraschung bereit. Wie es die kirchliche Ordnung verlangte, mußte neben der Stiftskirche eine zweite Kirche als Pfarrkirche für die Bewohner des Ortes errichtet werden. Als im Jahre 1735 die alte Pfarrkirche niederbrannte, wurde die heute bestehende Michaelskirche geschaffen, eine der wenigen, durchaus einheitlich wirkenden Barockkirchen des Landes. Das dritte „Innichen Kirchenwunder“ aber begegnet uns etwas außerhalb des Ortes, die „Heilig-Grab-Kapelle“. Ein wohlhabender Innicher Bürger, Georg Paprion, unternahm um das Jahr 1650 eine Pilgerfahrt in das Heilige Land und ließ, heimgekehrt, dieses Bauwerk nach dem Vorbild der Grabeskirche auf Golgatha in Jerusalem errichten.

Unmittelbar über dem Ort, leicht und bequem erreichbar, zieht sich ein flacher, von Lärchen bestandener Höhenrücken hin, Burgstall genannt, obwohl dort von einer Burg nichts mehr zu entdecken ist. Wohl aber ist dieser herrliche, sommerkühle Naturpark ein Tummelplatz für die Kinder, aber auch ein festlicher Platz für die Dorfmusik und die Schützen, die sich dort oben ihren Schießstand eingerichtet haben. Doch wer Ruhe will, braucht nur tiefer in den Wald hineinzugehen. Er kann auch, wenn er Lust hat, den schattigen Waldweg einschlagen, der etwa einhundert Meter über der Straße in das Sextnertal hineinführt, wobei Gsellknoten und Dreischusterspitze, von denen man in Innichen nur den Gipfelaufbau gesehen hat, immer mächtiger emporsteigen, während sich der Haunold vollends in ein undurchschaubares Gewirr von bizarren Felsgestalten aufzulösen scheint.

Wer sich erst allmählich an steile Wege gewöhnen muß, kann von Innichen aus ebenen Fußes zur Drauquelle wandern, sei es über stille Wiesenwege oder durch schattigen Wald. Sehenswürdigkeit darf man dort allerdings keine erwarten — eine Quelle, wie jede andere auch. Lohnend ist auch eine Wanderung zum Wildbad Innichen. In diesem kleinen, waldigen Hochtal an der Ostseite des Haunolds springt eine Schwefelquelle aus dem Boden, die zu Trink- und Badekuren verwendet wird. Eine zweite Quelle, die sogenannte Stahlquelle, hat sich vorwiegend bei rheumatischen und Magenleiden bewährt. Wildbad Innichen war im vorigen Jahrhundert sehr bekannt und viel besucht, ein Treffpunkt der vornehmen Welt, wobei man feststellen muß, daß denen, die dort Heilung suchten, nicht nur die Heilkraft dieser Quellen, sondern gewiß auch die Abgeschiedenheit und idyllische Ruhe dieses Ortes genützt hat.

Schon im Mittelalter war die Wirksamkeit der Innichner Heilquellen bekannt. Im Jahre 1591 wurde die heute leider völlig verwahrloste Badkapelle errichtet. Wie berühmt diese Heilquelle war, beweist, daß nicht nur der österreichische Kaiser Franz Josef I. sondern auch die deutschen Kaiser Wilhelm und Friedrich III. sich dieser Kur unterzogen haben. Inmitten des Bergwaldes

Das romanische Portal der Innichner Stiftskirche. Im Bogenfeld eine einzigartige Darstellung des thronenden Christus mit den Symbolen der vier Evangelisten.

entstand ein Luxus-Heilbad, das von den Spitzen der Gesellschaft besucht wurde und allen Komfort aufwies, den man in der Zeit um die Jahrhundertwende erwarten konnte. Dann aber brach das Unheil über diese Idylle herein. Der Besitzer der Kuranlagen verarmte, geriet nach dem ersten Weltkrieg in Schulden und mußte Wildbad Innichen aufgeben. Dazu trugen auch die unerfreulichen Verhältnisse während der faschistischen Zeit manches bei. Wildbad Innichen verfiel gänzlich. Die Heilquellen flossen ungenützt. Für den Urlauber ein Erlebnis besonderer Art; durch den stillen, einsamen Bergwald bergwärts zu pilgern und plötzlich inmitten dieser Stille die „Welt von gestern" zu entdecken, etwa das völlig zerfallene Grandhotel und alles, was sonst zu diesem hochmodernen Kurbetrieb gehörte. Es gibt Ruinen aus dem Mittelalter und aus späteren Jahrhunderten, aber Ruinen, die kaum einhundert Jahre alt sind, bleiben selten. Wahrhaftig ein makabres Bild!
Inzwischen freilich hat man den Wert dieser Quellen wieder erkannt. Wie die schon 1825 durchgeführte wissenschaftliche Analyse des Innicher Heilwassers ergab, läßt sich der Mineralgehalt dieser Quellen mit dem der Quellen des weltberühmten Kurortes Bad Pyrmont vergleichen. Hätte man zu rechter Zeit zugegriffen, wäre „Bad Innichen" vielleicht auch ein Weltbad geworden. Inzwischen hat sich die „Innicher Mineralwasser AG." dieser Quellen angenommen. In der Abfüllhalle wird das zu Tal geleitete „Magenwasser" in Flaschen gefüllt, pro Sekunde vier Liter. Als Tafelwasser besonderer Art geht es nun in das Land und weit darüber hinaus. Nicht zufällig hat man ihm den stolzen Namen „Kaiserwasser" gegeben.
Wie jeder Ort, der den Fremdenverkehr pflegt und auf sich hält, hat man auch in Innichen einen Sessellift geschaffen, der über die Nordhänge des Haunolds 400 m hoch emporführt und einen schönen Ausblick auf das Hochpustertal gewährt, außerdem im Winter schneesichere Abfahrten ins Tal ermöglicht.
Schöne, angenehme, schattige Wege für den Wanderer genug! Der Bergsteiger aber will mehr. Natürlich lockt ihn vor allem der Haunold mit seinem wilden Zackengrat und dem seltsamen Gipfel, der aus vier einzelnen Türmen besteht, von denen der westlichste, das sogenannte „I-Tüpfel", der höchste ist. Aber der Haunold wird nicht von Innichen aus, sondern aus dem Innerfeldtal, also von Süden her, bestiegen. Dieser Normalweg ist nicht schwierig, aber sehr mühsam; denn man muß sich vier Stunden lang mit Schutt und Geröll plagen, bis man zu festem, griffigem Fels kommt. Daher ist der Haunold unter Bergsteigern nicht sonderlich beliebt und als „Eingehtour" nicht gut geeignet. Wer sich daher, ehe er sich an höhere Ziele heranwagt, zunächst richtig in Form bringen will, dem sei der Helm empfohlen, 2437 m hoch, also immerhin ein respektabler Berg, auch wenn man, wie die Bergführer sagen, „jede Kuh auf den Helm treiben kann". Zu klettern gibt es dort nichts. Andererseits aber bietet die wie eine Aussichtswarte weit in das Gelände vorgeschobene Kuppe des Helms einen großartigen Überblick über die Sextner Dolomiten, so daß man sich vom Gipfel des Helms aus die Fahrten und Kletterziele für die nächsten Tage sozusagen an Ort und

Stelle aussuchen und zurechtlegen kann. Vier Stunden gleichmäßige Steigung meist durch Wald, erst im letzten Teil etwas mühsamer, also eine geradezu ideale Möglichkeit, um sich für schwierige Bergfahrten vorzubereiten.

Die originelle Heilig-Grab-Kapelle in Innichen, von einem Jerusalempilger im Jahre 1650 in Nachahmung der Kapelle des Heiligen Grabes geschaffen.

Alle diese Orte im Hochpustertal, die im Sommer von Fremden überflutet werden, kämpfen um eine Wintersaison, verständlich, weil damit die zahlreichen Fremdenbetriebe das ganze Jahr hindurch ausgelastet werden können. Etwas spät erst hat man entdeckt, daß man auch in Toblach, Innichen, Sexten und — auf österreichischer Seite in Sillian — sehr gut und bis in das Frühjahr hinein ausgezeichnet Skifahren kann. So wurden in Eile Gondelbahnen und Lifte geschaffen. Nachdem der weit ausgeschwungene Helm insbesonders auf seinen nördlichen Hängen ein geradezu ideales Skigebiet darstellt, hat man von dem nahegelegenen Vierschach aus einen Sessellift geschaffen, der den Besucher in zwei Etappen auf 2100 Meter Höhe zu dem beliebten Helmrestaurant bringt. Dort gibt es mehrere kleinere Lifte, um noch höher zu kommen. Über fünf Kilometer lange Abfahrtspisten führen wieder zu Tal.
Jenen aber, die sich nicht einem Sessellift anvertrauen wollen und sich lieber auf ihr Auto verlassen, sei verraten, daß man auch mit dem Wagen nahe an den Gipfel herankommen kann, daß man nur mehr eine knappe halbe Stunde Aufstieg zu bewältigen hat. Diese neue Militärstraße führt an dem waldigen Hang entlang und quert dann in den Westhang des Helms hinein.

Also zuerst auf den Helm! Aber — den Reisepaß nicht vergessen; denn der Gipfel des Helms bildet die Grenze zwischen Österreich und Italien. Die weithin sichtbare Hütte, die auf dem Gipfel des Helms steht, ist keine Schutzhütte, sondern lediglich eine Unterkunftshütte für die italienischen Grenzer, die Finanzieri (man erkennt sie an den gelben Aufschlägen, während die in gleicher Weise uniformierten Alpini grüne Aufschläge tragen). An sich ist es nicht erlaubt, die offene Grenze zu überschreiten. In nächster Nähe des Gipfels aber, jedoch bereits auf österreichischem Boden, liegt eine Schutzhütte des Österreichischen Alpenvereins, die Viktor-Hinterberger-Hütte. Die italienische Finanzwache erteilt zumeist ohne weiteres die Erlaubnis, diese Hütte zu besuchen, wobei allerdings in der Regel die Pässe abgenommen und bis zur Rückkehr deponiert werden. Hingegen kann man den Höhenweg, der auf der Seite des Sextner Tales, also auf italienischem Gebiet, zum Hornischek und über weitere Gipfel des Karnischen Kammes führt, eine herrliche, überaus empfehlenswerte „Gipfelpromenade“ ungehindert begehen.
Es ist bemerkenswert, daß ursprünglich, d. h. im Friedensvertrag von Saint Germain, mit dem Österreich Südtirol an Italien abtreten mußte, nicht der Helm, sondern die Wasserscheide auf dem Toblacher Feld als Grenze vorgesehen war. Die Gebietsforderungen, die Italien im Jahre 1919 bei den Friedensverhandlungen stellte, basierten auf der Auffassung, daß die Sicherheit Italiens nur dann garantiert sei, wenn die Nordgrenze des Staates auf

AUTO

den Alpenhauptkamm vorgeschoben würde. Diese Auffassung, die jahrzehntelang von italienischen Geographen, Militärs und Politikern konsequent ohne Berücksichtigung der Bevölkerungsverhältnisse vertreten wurde, fand in der sogenannten „Wasserscheidentheorie“, die der berüchtigte Senator Tolomei, der „Totengräber Südtirols“, mit großer Hartnäckigkeit vertrat, ihren politischen Ausdruck. Demnach sollte alles Land, das zur Adria entwässert, Italien zugesprochen werden, eine Forderung, die durch die Abtretung Südtirols voll und ganz erfüllt wurde. Auf Grund dieser Forderung wären demnach die zur Drau, also über die Donau zum Schwarzen Meer entwässernden Gemeinden, Innichen, Innichberg, Vierschach, Winnebach und Sexten bei Österreich verblieben. Tatsächlich blieb das Schicksal dieser fünf Gemeinden zunächst noch ungewiß. Italien aber ging es dabei einerseits darum, den Zugang über den Kreuzbergpaß zum Pustertal in die Hand zu bekommen, andrerseits den Helm zu besetzen, der als strategischer Punkt überaus wichtig ist, weil man von diesem Gipfel aus das gesamte Gebiet von Lienz bis Bruneck überblicken kann. So wurde im Jahre 1920 ein eigener Zusatzvertrag zum Friedensvertrag von Saint Germain geschaffen, durch den diese fünf österreichischen „Draugemeinden“ Italien zugesprochen wurden. Damit ging Österreich auch das gesamte Gebiet der Sextener Dolomiten verloren.
Wahrhaft, der Ausblick vom Helm hat nicht seinesgleichen. Gipfel über Gipfel: von den Hohen Tauern, dem Großglockner, Großvenediger über die Zillertaler, die Ötztaler bis zu den Gipfeln des Ortlers geht der Blick. Unmittelbar vor den Augen, förmlich einzeln hingebreitet, liegen die Sextner Dolomiten, über fünfzig Gipfel, wenn man nur die wichtigsten zählt.
Man hat den Helm den „Tiroler Rigi“ genannt und ihm damit unrecht getan; denn solche Vergleiche und Benennungen sind an sich sinnlos. Der Helm ist eben der Helm und nichts anderes. An keiner anderen Stelle der Alpen stehen die Gipfel einer bestimmten Berggruppe so unmittelbar und vollständig da wie hier die Gipfel der Sextener Dolomiten, dabei so klar und übersichtlich, daß man sie, ehe man sie wirklich betritt, gewissermaßen schon mit den Augen durchwandern kann.

Was dem Bergsteiger besonders auffällt: Während sich andere Gruppen der Dolomiten, etwa in Gröden oder um Cortina, aus einzelnen typischen Berggestalten aufbauen, die, völlig für sich stehend und voneinander deutlich abgesondert, einzeln aus weiten, grünen Almböden aufragen, drängen sich die Gipfel der Sextner Dolomiten auf klar begrenztem Raum ziemlich eng zusammen, bauen sich entweder knapp hintereinander auf, oder blicken einer dem anderen über die Schulter. Dies hat für den Bergsteiger den Vorteil, daß ihm in den Sextner Dolomiten weite Anmarschwege erspart bleiben. Oftmals lassen sich von einem einzigen Standort aus ohne Zeitverlust eine ganze Anzahl verschiedener Gipfel erreichen, so daß es dem Bergsteiger oft schwer fällt, sich für diese oder jene Tour zu entscheiden. Gar nicht von den Schutzhütten zu reden, die so günstig liegen, daß sie jedem eine großartige Aus-

wahl von Touren ermöglichen. Wer darüber hinaus sein Zelt an der richtigen Stelle aufschlägt, kann sich morgens, sobald er den Kopf aus dem Zelt herausreckt, zum Frühstück den passenden Gipfel oder eine geeignete Wand aussuchen.
Glücklich jeder, der auf den Helm steigt und keine Eile hat; denn unvergeßlich schön ist das Bild am Abend, wenn die letzte Sonne auf den Gipfeln liegt und der helle Kalkfels aufglüht, während über dem Tale schon nächtliches Dämmern liegt und da und dort die Lichter der einzelnen Ortschaften aufleuchten. Hineingestellt in diese wundervolle Bergwelt, die ewigen Sterne über sich, segnet jeder den Tag, der ihn auf diesen Gipfel geführt hat.
Innicher und Sextner, die, obwohl beide aus gleichem Holz, sich wechselseitig, wie unter Nachbarn üblich, das Leben mitunter schwer machen (aber eisern zusammenstehen, wenn es gegen Dritte geht) haben auch den Helm unter sich aufgeteilt, gewiß nicht ohne Komplikationen. Aber die Sextner haben recht, wenn sie behaupten, der Helm zeige ihnen seine freundlichere Seite, während die Innicher mit den abweisenden Nordhängen des Helms vorlieb nehmen müssen. Obwohl der Helm, seit er die österreichisch-italienische Grenze trägt, vom wenig einträglichen Schmuggelgeschäft abgesehen, den Sextnern unheimlich geworden ist, haben sie alles getan, um diesen auf seine Art riskanten Berg „einzugemeinden". Wer also, wie die Sextner annehmen, auf den Sessellift, den die Innicher geschaffen haben, verzichtet und von Sexten aus zu Fuß den Helm erreichen will, kann bequem von einer Raststätte zur anderen, jede Stunde eine „Jause" einlegen, zu der mindestens Wein, Brot und Speck gehören. Man beginnt also mit der idyllisch unter den ersten Lärchen gelegenen „Helmhanghütte", quert zur Klammbachhütte hinüber, kehrt bei der Lärchenhütte auf die eigentliche Anstiegsroute zurück und erreicht schließlich die Hahnspielhütte, neben der die Innicher ihr Helmrestaurant gebaut haben. Von dort ist es, wie gesagt, nicht mehr weit zum Gipfel.
Wer aber mit dem Wagen bis zur Hahnspielhütte fahren will und sich von Sexten aus über die steilen Kehren dieser Straße emporschindet, wird, kaum hat er den Lärchenwald verlassen, hart aus dem Frieden gerissen; denn vor ihm steht, was er gewiß nicht erwartet hat, ein Sperrfort, groß, wuchtig und, wie es aussieht, nahezu noch intakt. Es ist die berühmte Sperre Mitterberg. Im Jahre 1885 begann man in Österreich die Grenze gegen das zwar verbündete, aber doch unzuverläßliche Italien durch Sperrforts abzusichern. So wurde auf den Sieben Gemeinden eine ganze Kette von Sperrforts geschaffen, wie etwa das Fort Verle, das Luis Trenker, der dort die härtesten Stunden des Krieges erlebt hat, in seinem Roman „Sperrfort Rocca alta" schildert. Das Sperrfort Landro sollte das benachbarte, von Toblach südwärts führende Höhlensteintal sichern.
Im Gebiet von Sexten wurden zwei Sperrforts angelegt. Die Sperre Heidegg, unmittelbar am Eingang in das Fischleintal, auf dem westlich vorgelagerten Bergriegel gelegen, wurde nach dem Kriege gesprengt und völlig zerstört. Auch dort wurde wie bei den Sperren Landro und Mitterberg niemals ge-

kämpft. Die Front lag vielmehr im hintersten Fischleintal, wo man auch heute noch den Verlauf der Schützengräben und Stützpunkte erkennen kann. Das bedeutendere Sperrfort Mitterberg mit seiner hervorragenden Skodapanzerung, die noch völlig erhalten ist, sollte mit seinen weittragenden Haubitzen den Kreuzbergpaß sichern. Tatsächlich aber erwies es sich im Verlauf der Kämpfe, daß es zweckmäßiger war, die Geschütze aus dem Fort in eigene vorbereitete Stellungen zu bringen. So blieb auch die Sperre Mitterberg von unmittelbaren Kampfhandlungen verschont; denn auch die Italiener hatten bald entdeckt, daß diese Sperre bedeutungslos war, solange man nicht den Seikofel (dort lagen, hart unter dem Kreuzbergpaß, die österreichischen Stellungen) eingenommen hatte. Es gelang den Italienern aber nicht, den zuerst von Standschützen, dann von Kaiserjägern und Landesschützen verteidigten Seikofel zu nehmen. Auf diese Weise blieb die Sperre Mitterberg sozusagen „unbeteiligt", abseits des eigentlichen Kampfgeschehens liegen.

So steht denn der Fremde, der die alte Militärstraße heraufgefahren ist, vor diesem Beton-Ungetüm und weiß nicht, was er dazu sagen soll. Wer sich für das, was im ersten Weltkrieg hier geschehen ist, interessiert, wird sich für diese an sich großartige Anlage begeistern. Wer davon nichts wissen will, läßt sich seinen Urlaubsfrieden nicht durch unliebsame Kriegserinnerungen stören und fährt weiter.

Die Sextner haben lange überlegt, was mit dieser unerwünschten Festung geschehen soll. Aber weder die militärischen Stellen Italiens wußten damit etwas anzufangen, denn für sie stand diese Sperre, genau so wie die Feldbefestigungen auf dem Kreuzbergpaß „verkehrt", noch konnten die Sextner dafür eine vernünftige Verwendung finden; denn dieses Ungetüm paßte auch keineswegs in die Pläne einer Gemeinde, die sich vornehmlich auf den Fremdenverkehr ausrichteten. Da kam Oberst Walter Schaumann, jener Mann, der uns in den Dolomiten und den Karnischen Alpen den ersten Weltkrieg wieder gegenwärtig machte, der mit seinen „Dolomitenfreunden" viele alte Kriegswege wieder gangbar, viele Stellungen besuchsfähig, viele Unterkünfte benützbar gemacht hat. Er sah die alte Sperre und war entzückt. Mit diplomatischem Geschick gelang es ihm, in Rom zu erreichen, daß dieser Bau für museale Zwecke verwendet werden konnte. So will Oberst Schaumann in der alten Sperre Mitterberg ein Kriegsmuseum einrichten, in dem alles, was der Gebirgskrieg an Einrichtungen aufzuweisen hat, anschaulich dargestellt werden soll, ein Plan, dem man nur viel Erfolg wünschen kann; denn eines sollte man jedem, der auf Sexten in Urlaub fährt, von Anfang an sagen: Es ist schwer möglich in Sexten Urlaub zu machen, ohne nicht da und dort den Spuren aus dem ersten Weltkrieg zu begegnen. Es war eben ein „Krieg im Fels", und Fels überdauert die Zeiten, genau wie der Beton der Sperre Mitterberg.

Zweiter Tag: Sexten und die Rotwand

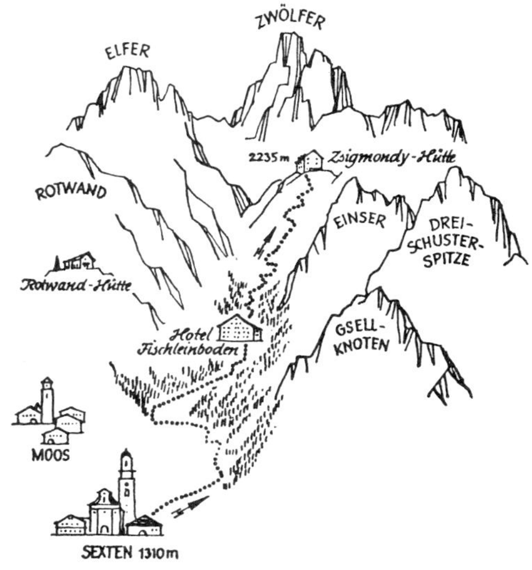

Nun aber: auf nach Sexten! Dafür ist kein großer Entschluß nötig; denn Sexten ist nur sieben Kilometer von Innichen entfernt und weitere acht Kilometer sind es bis zum Kreuzbergpaß. Mit diesen fünfzehn Kilometern ist schon alles über die Talorte der Sextner Dolomiten gesagt. Es gibt kaum eine Berggruppe in den Alpen, bei der die Ausgangspunkte für Wanderungen und Bergfahrten so nahe beisammen sind und so günstig liegen wie hier; denn auf halbem Wege zwischen Innichen und Sexten zweigt das Innerfeldtal ab, das in den nördlichen und westlichen Teil dieses Gebietes führt, während sich kurz nach Sexten das Fischleintal öffnet, durch das, ebenso wie auch vom Kreuzberg aus, der Osten und Süden der Sextner Dolomiten erreicht wird. Eine einfache und klare Gliederung! Durch diese ideale Schlüsselstellung ist Sexten im Laufe der Zeit zu einem richtigen Bergsteigerdorf geworden.

Wir sagen Sexten, obwohl diese Bezeichnung, streng genommen, nicht für den Hauptort, der eigentlich St. Veit heißt, gilt, sondern für das ganze sehr ausgedehnte Gemeindegebiet. Doch hat sich der Name Sexten längst durchgesetzt. Über die Herkunft dieses Ortsnamens sind sich allerdings die Namensforscher, die „umgekehrten Propheten" – sie prophezeien nämlich nicht die Zukunft, sondern die Vergangenheit! – noch nicht einig geworden. Die einen sagen, auf der über den Kreuzberg führenden Römerstraße sei hier der sechste Meilenstein gestanden, Sexten heißt also „ad sextum", obwohl man diesen Meilenstein nie gefunden hat. Andere behaupten, der Name Sexten komme von einer aus sechs Häusern bestehenden Ansiedlung, nach der man den Ort und das Tal „bei den Sechsen" benannt habe, eine Schreibweise, die in alten Urbarien nachweisbar ist. Sei es wie immer, der Name ist längst allen Bergsteigern vertraut geworden. Die Italiener übersetzen ihn mit „Sesto".

Es lohnt sich, in einem dieser alten Bauernhöfe auf dem Sextner Berg einzukehren. Unbeirrt von den Bedrängnissen der Jahrhunderte gehen diese Bauerngeschlechter ihren Weg.

Dies also ist Sexten, das alte Tiroler Dorf, das seinen Charakter getreulich durch die Jahrhunderte bis in die Gegenwart bewahrt hat: Zur Linken sanft ansteigendes Wiesengelände, urkräftiges Bauernland, von lichten Lärchenwäldern unterbrochen, darüber weit ausschwingende Almböden, die zu den dunklen Kuppen des Karnischen Kammes emporführen, eine geruhsame Landschaft, die von emsiger Bauernarbeit zeugt. Gegenüber jedoch — welch ein Gegensatz! — unmittelbar aus dem Talboden aufspringend, die jähen, abweisenden Wände und Gipfel der Dolomiten. Eigenartig, ja geradezu symmetrisch sind diese Gipfel angeordnet, über die tagsüber die Sonne in ganz bestimmten Abständen hinwegwandert, so daß der Bauer hinter dem Pflug aus dem jeweiligen Stand der Sonne die Tagesstunde ablesen kann. Eine ganz besondere Sonnenuhr also, die der Herrgott den Sextner Bauern in ihr Tal gestellt hat. Demgemäß haben auch die einzelnen Berge ihre Namen bekommen: der Neunerkofel, der Zehnerkofel (für den sich in letzter Zeit allerdings der Name Rotwand durchgesetzt hat), der Elfer, der Zwölfer, der Einser.

Dr. Josef Rampold, heute wohl der bekannteste und vor allem der am meisten gelesene Südtiroler Heimatschriftsteller, gibt in seinem ausgezeichneten, in der Bozner Verlagsanstalt Athesia erschienenen Buch „Pustertal, Landschaft, Geschichte und Gegenwart an Drau, Rienz und Ahr", in einer ausführlichen Schilderung der Besiedlung und Geschichte Sextens sogar den Bezugspunkt an, an dem man auf Grund der Forschungen von Innerebner die Sextener Sonnenuhr fixieren kann. Demnach steht nach diesen Berechnungen die Sonne vom Heidegger Hügel aus tatsächlich punkt zwölf Uhr über dem Gipfel des Zwölfers, während die gesamte „Uhr" am Tag der Wintersonnenwende von der zwischen St. Veit und der Ortschaft Moos gelegenen Golserbachbrücke aus wirklich „stimmt".

Spärlich sind die Quellen, die aus der Geschichte des Ortes auf uns gekommen sind. In jener Urkunde aus dem Jahre 965, in der Kaiser Otto I. dem Benediktinerstift Innichen die Gegend „Sexta" schenkt, wird diese noch als Alpe und Ödland bezeichnet. Vermutlich war es weniger ein Geschenk als ein Auftrag des Kaisers, dieses unwirtliche Hochtal zu roden und zu besiedeln. Die wackeren Mönche griffen aber nicht nur selbst tüchtig zu, sie holten auch, wie sich aus der Herkunft der Familiennamen nachweisen läßt, aus dem bairischen Stammlande gute, tüchtige Bauern heran. So scheint z. B. in einem Urbar aus dem Jahre 1141 bereits der Roggenhof auf, der bis in unsere Zeit, also über achthundert Jahre lang, die Heimat der Sippe Rogger geblieben ist. Diese alten Hofnamen, wie Hösler, Egarter, Lahner, Gatterer, Froneben, Raut, Christler, Kiniger und wie sie alle heißen — es gibt in der

Gemeinde Sexten über achtzig selbständige Bauernhöfe — beweisen eindeutig, daß dieses Tal von Baiern besiedelt worden ist. Dafür sind auch die unzähligen bajuwarischen Flurnamen, vom Hasenköpfl bis zum Pfandleck und von der Katzenleiter bis zum Hahnspielboden ein Beweis.
Während alle übrigen Gebiete der Dolomiten von den Ladinern, einem kleinen, jedoch überaus rührigen Volksstamm rhätischen Ursprungs, der freilich in Fassa und Ampezzo schon weitgehend italienischem Einfluß unterliegt, bewohnt werden, sind die Sextner Dolomiten das einzige Gebiet in den Dolomiten, das deutsch besiedelt wurde. Wie sehr die Bewohner von Sexten ihrer Heimat verbunden geblieben sind und zumeist nur „über den Zaun", das heißt zum Nachbar geheiratet haben, beweist auch der Umstand, daß man viele der in Sexten häufigen Familiennamen, wie Rogger, Reider, Holzer, Egarter, Happacher, Tschurtschenthaler, Innerkofler noch auf den Namen des Hofes, von dem diese Sippen abstammen, zurückführen kann.

Das Grabmal Sepp Innerkoflers auf dem Friedhof zu Sexten, einem der schönsten und stimmungsvollsten Bergfriedhöfe der Alpen.

Sehr früh haben sich die Sextner Bauern ihre Freiheit und Unabhängigkeit erkämpft. Aber im Laufe der Geschichte kam mancherlei Not über das Tal. Vor allem drohte vom nahen Kreuzberg her ständig Gefahr, denn das mächtige Venedig hatte schon sehr früh seine Herrschaft über das Cadore ausgedehnt und bis zum Kreuzberg vorgeschoben. Aber es gelang immer wieder, diese Grenze zu verteidigen und zu halten. So bildete der Kreuzbergpaß jahrhundertelang eine mehr oder weniger friedliche Grenze zwischen der Republik Venedig und der Grafschaft Tirol, beziehungsweise zwischen Österreich und Italien.
Pfingstsonntag 1915. Italien erklärte Österreich den Krieg. Dies war die große Stunde für Sexten, denn Italien hatte leichtes Spiel um mit seinen Truppen vom Kreuzberg herab nach Sexen vorzustoßen — eine Strecke von kaum zehn Kilometern! — und in das Pustertal einzudringen. Die regulären österreichischen Truppen standen damals in Galizien, um die in die Karpathen eingedrungenen Russen abzuwehren. In Sexten befand sich nur die schwache Besatzung der Sperren und eine Abteilung Grenzgendarmen.
In dieser Stunde der Not, da die Heimat unmittelbar bedroht war, wurden auf Grund des schon von Kaiser Maximilian erlassenen Landlibells die Standschützen aufgeboten. Alles, was Waffen führen konnte, Knaben wie Greise, trat zum Kampfe an. Ein in der Geschichte des Weltkrieges wohl einzigartiger Fall: Daß die Männer eines Dorfes auszogen, um auf den Bergen, unmittelbar über ihren Äckern und Feldern, den Feind abzuwehren. Es galt vor allem, den Italienern, die mit ihren alpin hervorragend geschulten Truppen in Übermacht über den Kreuzberg und die hochgelegenen Jöcher und Übergänge vordrängten, die eigene Schwäche zu verheimlichen.
Den schwierigsten Teil dieser Aufgabe übernahm der Sextner Bergführer Sepp Innerkofler, der langjährige Bewirtschafter der Drei-Zinnen-Hütte. Innerkofler war damals schon fast fünfzig Jahre alt, er hatte sich in Sexten unweit seines Vaterhauses die Pension „Zum Bergsteiger" gebaut und im Fischleintal den schönen „Dolomitenhof" geschaffen. Da er seinerzeit bei der

Sepp Innerkofler
Bergführer u. Hotelier
Gefallen auf dem Paternkofel
am 4. 7. 1915.
Maria Innerkofler
Stadler
Franz Innerkofler
geb. am 7. 8. 1899.
gest. in Innsbruck am 13. 12. 1944
Grabstätte der

Schwer und mühsam ist die Arbeit der Sextner Bauern; oft fällt der erste Schnee in das reife Korn. Deshalb hat man die „Harpfen" errichtet, in die das Korn zum Nachreifen hineingehängt wird. Im Hintergrund drei Berge der „Sextner Sonnenuhr": Elfer, Zwölfer und Einser.

Musterung zu klein gewesen war — die Männer in Sexten wachsen langsam! — war er niemals Soldat. Aus den Bergführern des Dorfes und erfahrenen Alpinisten stellte er die sogenannte „Fliegende Patrouille" zusammen, die in verwegenen Unternehmungen einzelne Gipfel erstieg und von dort das Feuer eröffnete, um dem Gegner eine durchgehend besetzte Front vorzutäuschen, auch vom alpinen Standpunkt aus eine hervorragende Leistung. Die Italiener ließen sich tatsächlich täuschen und blieben an der Grenze stehen. Die „Fliegende Patrouille", die bis zum Tode Sepp Innerkoflers auf dem Paternkofel einen nahezu legendären Ruf erreichte, hatte ihre Aufgabe voll und ganz erfüllt. Die ersten Verstärkungen trafen ein, vor allem die wackeren Bayern des „Deutschen Alpenkorps", die in Sexten seither unvergessen geblieben sind, denn neben den heimischen Standschützen war es vor allem ihnen zu verdanken, daß im Sommer 1915 Sexten gehalten werden konnte.

Sexten wurde beschossen, die Kirche und ein großer Teil des Dorfes völlig zerstört. Von der Ortschaft Moos blieben nur Ruinen übrig. Die Bauernhöfe auf dem Sextnerberg mußten gleichfalls geräumt werden. Weiber und Kinder fanden bei Verwandten und Freunden im Pustertal Aufnahme. Heimlich schlichen die Frauen nachts auf ihre Höfe zurück, um das reife Korn zu schneiden und es in Säcken fortzutragen.

Doch ärger noch war für die Sextner, daß ihre schöne Kirche in Trümmern lag. So schufen sie sich, am Hang des Helm, im Wald verborgen und von einem riesigen Felsklotz vor feindlicher Beschießung geschützt, eine Notkirche, die heute als Ausflugsziel beliebt gewordene Waldkapelle.

Als im Spätherbst des Jahres 1917 die italienischen Truppen die Dolomitenfront räumen mußten, konnten die Bewohner von Sexten wieder in ihre Häuser zurückkehren. Kaum eines war unzerstört geblieben. Doch ärger war, daß die Kirche in Schutt und Asche lag. Bald erstand ein neues, schöneres Sexten. Die Häuser in ihrem gediegenen Tiroler Stil mit den weitausladenden Giebeln und den schönen Erkern wurden vielfach von Südtiroler Künstlern mit Fresken geschmückt.

Besonders gut ist der Wiederaufbau der Ortschaft Moos geglückt. Unter anderem hat dort Clemens Holzmeister, wohl der bedeutendste Architekt Österreichs, den Turm der neuen Kirche geschaffen und das Hotel „Drei Zinnen" erbaut. So ist mit Moos ein neues, stattliches Dorf entstanden.

Auch die Bauernhöfe auf den sonnigen Lehnen des Sextner Berges stehen wieder im alten Stile da. Es lohnt sich, auf einem dieser Höfe zuzukehren. Der Boden ist karg, die Arbeit schwer. Oft wird die Ernte durch Unwetter gefährdet, so daß das Korn auf den Feldern nicht ausreifen kann. Man hat daher hohe, aus mehreren Querbalken gefügte und überdachte Holzgestelle geschaffen, die sogenannten „Harpfen", in die man im Spätsommer das Korn zum Nachreifen hineinhängt. Nebenbei bemerkt: für die Sextner Jugend stellen diese haushohen Sprossenwände ideale Turn- und Klettergeräte dar.

Ergiebiger als der Ertrag der Felder ist die Viehzucht, der vor allem das weite, offene Almgelände des Karnischen Kammes zugute kommt. Diese Bauerngeschlechter sind sehr kinderreich, wie überhaupt Südtirol das kinderreichste Land des gesamten deutschen Volksraumes ist. Trotzdem wurde der Hof nach altem, ungeschriebenem Gesetz ungeteilt einem der Söhne, zumeist dem ältesten, übergeben. Dadurch ist einerseits der bäuerliche Besitz in Jahrhunderten unverändert geblieben, andrerseits hat das Dorf und darüber hinaus das Land von diesen kinderreichen Bauernfamilien stets gesunden, lebenstüchtigen Nachwuchs erhalten. „Er kommt vom Berg", sagt man in Sexten.

Aus der Sommerwiese steigt der harmonische Bau der Sextner Kirche, die nach ihrer Zerstörung im Ersten Weltkrieg nach den alten Plänen neu errichtet wurde.

Was ein einzelner Bauernhof in guter Hand für das Volksganze bedeuten kann, hat Sexten vor einigen Jahren an einem einzigartigen Beispiel erlebt. Einer der höchstgelegenen Höfe am Mitterberg ist der Tschurtschenthalerhof. Der Name kommt von den Föhren- und Lärchenzapfen, die man im Volksmund „Tschurtschen" nennt. Von diesem Hof stammt die in Tirol und darüber in der ganzen Welt weit verbreitete Sippe der Tschurtschenthaler ab, von der ein Zweig auch geadelt worden ist. Auf Grund ihres unverwechselbaren Namens hatten es die Angehörigen dieser Sippe leicht, alle Namensträger, auch solche in Übersee, festzustellen und zu einem Besuch des Stammhofes auf dem Sextner Berg einzuladen. Ein ungewöhnliches Bild, wie da mehr als sechshundert Tschurtschenthaler aus aller Herren Länder zu dem einsamen Berghof hinaufpilgerten, von dem aus ihr Geschlecht vor Jahrhunderten seinen Ausgang genommen hat. An diesem Tage konnte man unmittelbar sehen, wieviel ein einzelner Bauernhof im Laufe der Zeit dem Volke Menschen gegeben hat, geradezu ein volksbiologischer Anschauungsunterricht.

Im Gegensatz zu anderen Bergbewohnern, etwa den Grödnern, denen die Welt nicht groß genug sein kann, bleiben die Sextner gern im Lande und es gibt manchen, dem schon Bruneck oder Lienz zu weit von der Heimat entfernt ist. So mußten die Sextner schon in früher Zeit eine Hausindustrie schaffen, um der überzähligen bäuerlichen Bevölkerung „vom Berg" im Dorfe Arbeit und Verdienst zu geben. Lebenspraktisch und findig, wie die Sextner sind, entwickelte sich schon in der Mitte des 15. Jahrhunderts das Hutmachergewerbe. Die aus Schafwolle hergestellten Sextner Hüte, außen meist schwarz, innen naturfarben, wurden sehr beliebt und gingen weit über Land, auch nach Oberitalien, in das Tessin, nach Rumänien, wo Ploesti ein wichtiger Umschlagplatz für Sextner Hüte wurde. Die treuesten Abnehmer aber waren die jüdischen Kaufleute in Galizien. 1663 zählte die „Ehrsame Bruederschaft der Hueter" in Sexten 55 Meister und Gesellen. Der Weltkrieg und die Loslösung von Österreich brachte diese blühende Hausindustrie vollends zum Erlahmen. Der letzte Hutmacher, Alois Kiniger, ist 87 Jahre alt, im Jahre 1947 gestorben.

Etwa um die gleiche Zeit, als die runden, schwarzen Sextner Hüte in die Welt gingen und verhinderten, daß die in ihrem Heimatboden so stark verwurzelten Sextner selbst in die Welt ziehen mußten, machte man im Tale eine andere entscheidende Entdeckung, nämlich, daß sich die vom Lang-

bühel bis zur Alpe Nemes hinziehenden Gesteinsschichten besonders gut zu Mühlsteinen eignen. Es ist der Verucano, ein verkittetes Geröll aus Quarzporphyr und kristallinem Schiefer, mitunter von Breccien aus rötlich-weißem Kalk durchsetzt, das sogenannte „Sextner Mühlstein-Erz". In einem Lehensbrief aus dem Jahre 1808 werden den Sextner Steinmetzen die einzelnen Fundstellen, an denen die Mühlsteine gebrochen werden durften, namentlich verbrieft. Etwa 50 bis 60 Mühlsteine gingen jährlich über den Brenner nach Kärnten oder ins Venezianische.
Leider wurden die ausgezeichneten Sextner Natursteine in unserer Zeit durch Kunststeine weitgehend verdrängt. Es gibt heute nur mehr wenig Steinmetzen im Dorf. Einer der letzten Meister im Dorfe, der alte Unteradamer, wie er nach dem Hausnamen genannt wurde, der Vater Sepp Innerkoflers, war untröstlich darüber, daß keiner seiner Söhne mehr in den Steinbruch gehen wollte; denn inzwischen war für Sexten eine neue Zeit angebrochen: Die Berge wurden entdeckt.
Bisher waren nur Gemsjäger und Wildschützen in die „Knotten" hinaufgestiegen, mitunter auch Hirten, um „verloffene" Schafe zu suchen. Im übrigen aber wurde diese Felsenwildnis, aus der nur Steinschlag, Mure und Lahn niedergingen und Unheil über das Dorf brachten, ängstlich gemieden; denn für den Bauer war dort nichts zu holen und außerdem wußte jeder Christgläubige, daß es in dem heidnischen Unland da oben nicht mit rechten Dingen zuging. Davon wußten die Sagen, die im Tale umgingen, hundert und mehr, Schauriges genug zu erzählen.
Um die Mitte des vorigen Jahrhunderts kamen zum erstenmal Menschen in das Tal, die sich für diese „Knotten" interessierten, ja, mehr noch, die diese Berge, aus unerforschlichen Gründen, sogar besteigen wollten. Sie suchten Einheimische als Führer. Berghirten, Wildschützen und andere, die das Abenteuer lockte, boten sich ihnen an. Von Sommer zu Sommer kamen mehr Bergsteiger in das Tal. Draußen in den Städten, besonders in Wien und München, begann man von Sexten zu sprechen.

Als einer der ersten erfolgreichsten Alpinisten erschien im Jahre 1869 der Wiener Vermessungsbeamte Paul Grohmann, der eigentlich nur in die Dolomiten gekommen war, um in diesem Grenzgebiet bestimmte Vermessungsarbeiten durchzuführen. Er war es, der sich in jeder Berggruppe der Dolomiten zunächst den höchsten Gipfel aussuchte und diesen auch bezwang. Als Grohmann nach Sexten kam, hatte er bereits die Marmolata, die Tofanen, den Antelao, den Cristallo und eine Reihe anderer Dolomitengipfel erstiegen. Auch in Sexten ging es ihm vor allem um den höchsten Berg dieses Gebietes, die schroffe, abweisende Dreischusterspitze. Grohmann suchte im Dorfe nach Männern, die ihn dabei führen sollten. Er fand den aus dem Lesachtal zugewanderten Peter Salcher und einen Sextner namens Franz Innerkofler.
Damit taucht zum ersten Male in der alpinen Geschichte Sextens der Name Innerkofler auf, eine weit verzweigte Sippe, die durch vier Generationen

Großbild auf den nächsten Seiten: Ein wolkenloser Spätsommerhimmel wölbt sich über dem Sextener Tal. Links der Haunold, 2943 m, ein wilder Geselle, mühsam und anstrengend zu besteigen; rechts der touristisch unbedeutende Toblacher Neunerkofel, 2618 m.

dem Dorfe ausgezeichnete Bergführer gestellt hat, angefangen von jenem Franz Innerkofler, der am 18. Juli 1869 mit Paul Grohmann auf dem Gipfel der Dreischusterspitze stand, bis zu dem Sextner Bergführer und Inhaber der Pension „Zum Bergsteiger", Ernest Innerkofler, der die Tradition seines Großvaters, Sepp Innerkofler, des bekannten Sextner Bergführers und Patrioten, fortführt. Jener Franz Innerkofler war es auch, der gemeinsam mit Peter Salcher am 20. August 1869 Paul Grohmann auf die Große Zinne führte, und zwar auf jener Route, die heute noch als Normalweg benützt wird.

Im Jahre 1882 erschienen drei der damals bekanntesten und erfolgreichsten Alpinisten in den Sextner Dolomiten: Die Brüder Emil und Otto Zsigmondy und der Salzburger Ludwig Purtscheller. Was für Sexten völlig neu war: Diese Männer brauchten keine einheimische Hilfe mehr, es waren sogenannte „Führerlose". Nun wußte man in Sexten, wieviel es geschlagen hat. Höchste Zeit, um nicht Männern, die von draußen kamen, weitere Erstbesteigungen zu überlassen.

Als Emil Zsigmondy, wohl eine der strahlendsten Erscheinungen aus der Frühzeit des Alpinismus — nach ihm ist in den Sextner Dolomiten der Zsigmondygrat und die Zsigmondyhütte benannt — mit seiner Seilschaft aus dem „Äußeren Loch" zum Gipfel des Elfers aufstieg, sah er, daß ihm bereits ein anderer Kletterer, allerdings nicht auf der gleichen Route, zuvorgekommen war und als Erster den Elfer erreicht hatte; denn im Gipfelblock waren in solider Steinmetzarbeit ein M und ein I zu lesen, die Initialen Michel Innerkoflers, der später unter dem Namen „Dolomitenkönig" bekannt geworden ist.

In Sexten nannte man ihn das „Gamsmandl", weil er sich von Jugend auf lieber oben bei den Gemsen als unten bei den Menschen aufhielt. In diesem stämmigen, kraftvollen Mann vereinigen sich die für die Männer des Sextner Tales typischen Eigenschaften: verwegenes Draufgängertum, Kaltblütigkeit und unbändige Streitlust. Meist war er allein in den „Knotten", nur wenn es um schwierigere Routen ging, nahm er seinen Bruder Hans an das Seil. Auch dies eine Sache, die für Sexten typisch ist: Zwei Brüder am gleichen Seil, von Michel und Hans Innerkofler, zu den Brüdern Forcher, Rogger, Schranzhofer, Happacher und so fort, damit, wie man in Sexten sagt, „der Berg in der Familie bleibt".

Mit seinem außergewöhnlichen Spürsinn erkundete Michel Innerkofler die Aufstiegsroute. Erst wenn er den Berg sicher in der Tasche hatte, nahm er einen Herrn an das Seil. Als Erster bestieg er die Gipfel der „Sextner Sonnenuhr", den Zehnerkofel (Rotwand), den Elfer, Zwölfer und Einser, auch die Westliche Zinne, und als besonderes Meisterwerk jenen Berg, den man damals für unersteigbar hielt: die nach allen Seiten steil abstürzende Kleine Zinne. Mehr als zwanzig Gipfel hat Michel Innerkofler in den Dolomiten erstmals erstiegen. Einer der kühnsten Türme in der Langkofelgruppe trägt seinen Namen, ein Nebengipfel des Popenazuges im Cristallomassiv heißt die Michelspitze; denn auf dem Cristallogletscher hat Michel Innerkofler,

der Dolomitenkönig, durch die Schuld eines Touristen ein frühes Ende gefunden. Was er für Sexten geleistet hat, ist unvergessen geblieben.
Auf seinen Erfahrungen aufbauend, wuchsen die prächtigen Gestalten der Sextner Bergführer heran, die Rogger, Reider, Forcher, Happacher, Piller, Schranzhofer und andere mehr, die sich an der Erschließung des Sextner Gebietes beteiligten, vor allem auch Sepp Innerkofler, der an seinem Vetter Michel am meisten gelernt hatte und noch einige der letzten Gipfel, wie den Paßportenkopf, die Cima Popera, den Elferturm bezwang. Hervorragenden Anteil an der Erschließung der Sextner Dolomiten haben auch die Bergführer aus Cortina, das damals noch österreichisch war, genommen, vor allem Santo Siorpaes und Archangelo Dimai, neben Dibona, Rizzi und Verzi, um nur einige Namen zu nennen. Zwischen ihnen und den Sextner Bergführern entspann sich ein lebhafter Wettstreit um die letzten, noch unerstiegenen Gipfel. Selbstverständlich waren an diesem Kampf um die Gipfel vom Anfang an auch bedeutende Alpinisten als „Herren" beteiligt, wie etwa Helversen, Witzenmann, Diener, Wundt, Treptow, Baron und Baronesse Eötvös, Graf Künigl und andere.
Als Sepp Innerkofler im Jahre 1890 die Kleine Zinne, noch in groben Bergschuhen, über die Nordwand erstieg, setzte in den Sextner Dolomiten eine neue Phase der Erschließung ein. Jetzt ging es nicht mehr um Gipfel; denn diese waren alle schon erstiegen worden, sondern um neue Anstiege, schwierigere Routen. Nicht mehr das Ziel wurde entscheidend, sondern der Weg, also die Wand, die Kante, der Pfeiler bedeutete alles. Wenn man überlegt, daß es heute allein schon auf die Drei Zinnen mehr als einhundert verschiedene Routen, Kletterwege und Varianten gibt, hat man einen Begriff, wie viele lockende Aufgaben die Sextner Dolomiten den Alpinisten und Kletterern gestellt haben und heute noch stellen.
Obwohl auch in dieser Phase der Erschließung die Bergführer von Sexten und Cortina entscheidend mitgewirkt haben, wurden die alpinen Leistungen doch im wesentlichen zu einem Triumph der Führerlosen. So traf sich denn in Sexten alles, was sich im Fels der Dolomiten bewähren wollte; denn selten findet der Felskletterer irgendwo so günstige Bedingungen für sein Vorhaben wie hier. Die Talorte sind leicht erreichbar, die Wege zum Einstieg kurz, der Fels ist, von wenigen Ausnahmen abgesehen, griffig und sicher.

Ähnlich wie der Wilde Kaiser für die Münchner, das Gesäuse für die Wiener, wurden die Sextner Dolomiten, vor allem die Drei Zinnen, zur Hohen Schule des Kletterns weit über Tirol hinaus. Hier wurden gültige Maßstäbe gewonnen, hier galt es, sich zu bewähren. Was die vorausgehende Generation noch als „unmöglich" bezeichnet hatte, wurde von der nachfolgenden Generation als Herausforderung empfunden und „möglich" gemacht. Es war jene Phase der Erschließung, in der unter anderem die Nordwand der Großen und später auch die der Westlichen Zinne durchstiegen wurden, Spitzenleistungen, welche die alpine Jugend wie ein Fanal empfand. Für sie gab es kein Unmöglich mehr.

Immer standen die Sextner Dolomiten im Brennpunkt des alpinen Geschehens. Kaum einer der großen Felskletterer, der in diesen Bergen nicht seine Meisterschaft erprobt hätte, von Paul Preuß, der den nach ihm benannten Riß in der Nordostwand der Kleinsten Zinne erstmals durchstieg, zu Drasch, der erstmals den Zwölferturm bezwang, zu dem genialen Kletterer Emilio Comici, der mit Ampezzaner Führern zum ersten Male die Nordwand der Großen Zinne durchstiegen hat, bis zu den großartigen Kletterern unserer Gegenwart, hat sich alles in den Bergen von Sexten getroffen. Unmöglich ist es, all die Namen aufzuzählen, auch nicht die der Seilschaften, die, wie Langl-Löschner oder Hans Steger - Paula Wiesinger, neue Wege erschlossen haben.

Freilich, die zunehmende Zahl der Führerlosen hat den Bergführern manche alpine Aufgaben und Leistungen, die früher ihnen allein vorbehalten waren, weggenommen. In der großen Zeit der Erschließung saßen noch zwölf und mehr autorisierte Bergführer auf der berühmt gewordenen Bank vor dem Postwirtshaus. Längst ist die alte Garde abgetreten. Die nach ihnen kamen, hatten es schwerer, auch wenn sie sich noch so sehr im Fels ausgezeichnet hatten; denn die großen Könner waren nicht mehr auf ihre Hilfe angewiesen. In der Regel hatten sie nur mehr die üblichen Anstiegswege zu führen, auf denen, alpin gesehen, nichts mehr zu holen war.
Aber es spricht für den Geist und die Gesinnung der heutigen Generation der Sextner Bergführer, daß der eine oder andere über die berufsmäßige Leistung hinaus, aus eigenem Antrieb zu den schwierigsten Aufgaben angetreten ist, die es in den heimatlichen Bergen gibt. Auch in diesem Sinne hat sich Sexten als Bergsteigerdorf, als Treffpunkt der alpinen Elite bewährt. Womit aber keineswegs gesagt sein soll, daß Sexten nicht auch dem Besucher, der nicht gerade mit Kletterseil und Mauerhaken angerückt kommt, vieles zu bieten hat. Im Gegenteil! Der besondere Reiz dieses Gebietes liegt gerade darin, daß sich auch der alpin noch wenig erfahrene Gast die großen lohnenden Ziele dieser Landschaft bequem erwandern kann. Abgesehen davon besitzt Sexten nicht nur eine „Sommerseite" für den Bergsteiger, sondern auch eine großartige „Winterseite" für den Skifahrer, der das ausgedehnte, schneesichere Gelände bis ins Frühjahr hinein befahren kann.

Ein stiller, abendlicher Gang durch das Dorf! Und bei der Kirche zu beginnen! Urkundlich ist sie schon im Jahre 1290 nachgewiesen. Tatsächlich aber ist die heute bestehende Kirche, die auf einer sonnigen Terrasse über dem Dorfe liegt, erst nach dem Abschluß des ersten Weltkrieges, in dem sie fast zur Gänze zerstört worden war, neu erbaut worden. Glücklicherweise hat man sich dabei aber an die alten Pläne gehalten, so daß die Kirche wieder gut im Dorfe steht. Der Friedhof aber, der die Kirche umgibt, zählt wohl zu den schönsten in den Alpen.
Über breite Stufen aus dunklem Porphyr steigt man aus dem Dorfe zum Friedhof hinan. Zunächst nimmt der stilvolle Rundbau der Totenkapelle den Besucher auf. Hier hat der Bozner Maler Rudolf Stolz, dem Sexten zur zwei-

Schwere, drohende Wolken sind aufgezogen. Nur der Rotwandgipfel liegt noch in der grellen Sonne, der langgestreckte Höhenzug des Helm (über dem Kreuz-Querbalken) ist gerade noch zu erkennen. Links am unteren Bildrand ein Unterstand aus dem Ersten Weltkrieg.

ten Heimat geworden ist, ein Meisterwerk, seinen berühmt gewordenen Totentanz, geschaffen. In der Art, wie Rudolf Stolz seinen frommen Gestalten bäuerliches Aussehen gibt und sie mitten in die Welt des Dorfes stellt, ist der Stil Albin Eggers, des großen Tiroler Malers, der in Lienz beheimatet ist, zu erkennen. Bischof und König, Bauer und Wandersmann, Kind, Braut und Weib begegnen dem Tode, jedes auf seine besondere Weise, eine Begegnung, nicht erschreckend, vielmehr versöhnend, erlösend.

Nach diesem eindrucksvollen Erlebnis betritt man den Friedhof. Ein unvergeßliches Bild: In den von Arkaden umsäumten Raum, den die Gräber erfüllen, blicken die Gipfel der Sextner Dolomiten herein und fügen dieses stille Reich der Toten der heimatlichen Landschaft ein. Während wir die Reihe der Gräber entlangschreiten, begegnen uns die vertrauten Namen aus dem Dorfe wieder. Aber auch mancher, der in den Bergen, die auf diesem Friedhof niederblicken, den Tod gefunden hat, ist hier zur letzten Ruhe beigesetzt worden. Eine Marmortafel an der Ostseite der Kirche erinnert an Michel Innerkofler, den „Dolomitenkönig". Besonders eindrucksvoll ist die Grabstätte Sepp Innerkoflers. Albert Stolz, ein Bruder des Malers Rudolf Stolz, hat dieses Grabmal mit einem unvergeßlich schönen Fresko „Kreuzabnahme" geschmückt. Immer wieder findet man dort Bergblumen, von unbekannten Bergsteigern als Gruß auf dieses Grab gelegt.

Es gab in Bozen drei überaus künstlerisch begabte Brüder, Rudolf, Albert und Ignaz Stolz, von denen sich Rudolf in Sexten eine neue Heimat geschaffen hatte. Ihn galt es in Sexten ganz besonders zu ehren. In Verbindung mit seiner Tochter Hanni, die sich in Sexten verheiratet hatte und das künstlerische Erbe ihres Vaters mit großem Geschick vertrat, schuf der bekannte Bozner Architekt Pattis ein großartiges, vorzüglich in das Ortsbild eingefügtes Haus, das Rudolf-Stolz-Museum, in dem der Feriengast viele der besten Werke dieses Meisters bewundern kann.

Den Sommergast, der nur nach Sexten gekommen ist, um ein wenig zu wandern, locken vor allem die schönen Lärchenwälder, die sich zu beiden Seiten des Tales hinziehen und das Bauernland auf anmutige Weise unterbrechen. Ein Spaziergang zur Waldkapelle oder über den Kinigerhof nach Moos, nur um sich „die Füße richtig zu vertreten", dann aber über die schöne Straße zu den Bauern auf dem Mitterberg hinauf! Mit jedem Schritt bergwärts fügt sich dem Panorama, das sich vor unseren Augen aufgetan hat, förmlich ein neuer Gipfel ein. Doch nicht allein der Blick in die Ferne beglückt! Glücklich jeder, der sich auch über das Nahe freuen kann, vor allem über die Blumen. Wer etwa noch vor der Mahd zum Mitterberg hinaufsteigt, findet in den Wiesen wie in den schütteren Lärchenwäldern die goldgelbe Arnika (Arnica montana), den Türkenbund (Lillium martagon), das schwarze Kohlröschen (Nigritella nigra), aber auch den selten gewordenen Frauenschuh (Cypripedium Calceolus), gar nicht zu reden von all dem Blütenzauber, der in höheren Regionen den Wanderer erfreut. So verwandelt sich im Frühjahr die

Der Sextener Bergführer Benitius Rogger im Alter von 83 Jahren. Er war am 4. Juli 1915 als junger Standschütze beim Angriff auf den Paternkofel dabei; an seiner Seite fiel Sepp Innerkofler. Benitius Rogger, der letzte überlebende Teilnehmer dieser Aktion, starb fünfundachtzigjährig am 10. Juli 1979.

Alpe Nemes, die vom Mitterberg gegen den Kreuzbergpaß hinzieht, in ein Feld tiefblauer Enzianglocken, während im Gefels das Rot der Alpenrosen aufleuchtet.
Dem Blumenfreund sei aber noch ein besonderes Geheimnis verraten: Die Gsellwiesen! Gewiß, der Aufstieg ist steil und mühsam und oben gibt es keine Einkehr. Doch dafür ist man mit den Bergen allein inmitten einer herrlichen, noch völlig unberührten Blumenwelt.

Natürlich war man auch in Sexten bemüht, jedem Besucher einen mühsamen Aufstieg zu ersparen. So wurde die Gondelbahn geschaffen, die von Bad Moos zu den Rotwandwiesen hinaufführt, nicht nur im Sommer der beliebteste Ausflugspunkt, auch im Winter ein sehr lohnendes Ziel für mehr oder minder unternehmungslustige Skifahrer, für die es außerdem im Tal eine große Zahl von Schleppliften gibt. Die Rotwandwiesen haben im Laufe der Jahre die Gunst der Bergfreunde und Wanderer gewonnen. Wenn man bei der netten, gemütlichen Rotwandwiesenhütte steht, die man unschwer schon vom Tale aus entdecken kann, kommt man sich vor wie in einem Hubschrauber, der sich über dem Sextental bewegt. Unmittelbar in die Tiefe geht der Blick auf das weite, offene Tal. Da ist das liebliche Moos, dort, um die große Kirche geschart, der Hauptort des Tales, St. Veit, und drüben am Hang des Helms kann man die Höfe der Bauern zählen. Einen der nächsten Tage des Sextenurlaubes vorwegnehmend, wandert man mit dem Blick in die Tiefe schon in das Fischleintal hinein.
Und noch etwas, was besonders den zünftigen Bergsteiger erfreuen wird: Von der Rotwandwiese aus hat man einen gesicherten Klettersteig angelegt, auf dem jeder einigermaßen geübte Bergsteiger den Gipfel der Rotwandspitz, 2939 m (also nur wenig niedriger als der Gipfel der Großen Zinne) erreichen kann. Solche Klettersteige, von den Italienern „Ferrata", das bedeutet soviel wie „Eisenweg", genannt, sind in den letzten Jahren sehr beliebt geworden, um Alpinisten, die nicht gerade mit Mauerhaken, Karabinern, Seil und anderem Klettergerät in die Wände steigen wollen, gewisse interessante Routen und Gipfel erreichbar zu machen. Natürlich ist es auch bei diesen Klettersteigen notwendig, daß man als Bergsteiger genügend Erfahrung besitzt, trittsicher und schwindelfrei ist und sich entsprechend ausrüsten kann; also kein Promenadeweg für Bergwanderer und Sommergäste. Doch immerhin: Dieser sehr geschickt von dem Sextner Bergführer Ernest Innerkofler angelegte Klettersteig hat den Kreis jener, die den Gipfel der Rotwand erreichen wollen, wesentlich erweitert.
Freilich, wer auf die Sextner Rotwand steigt, muß damit rechnen, daß er dort oben, ob es ihm angenehm ist oder nicht, dem Kriege begegnet; denn die Rotwand ist der Schicksalsberg Sextens. Nicht in den Talstellungen, sondern dort oben auf diesem einsamen, wildzerklüfteten Gipfel wurde das Schicksal Sextens entschieden. Wie eine gewaltige, nach Süden abschirmende Bastei baut sich das Massiv der Rotwand über dem Tale auf, die Zugänge über den Kreuzberg und aus dem Fischleintal blockierend. Wenn die Rot-

wand fiel, dann fiel Sexten, dann war der Weg nach Innichen und in das Pustertal frei. Das wußten die einen so gut wie die anderen. Wer erfahren will, wie auf der Rotwand gekämpft worden ist, muß im Dorfe oder unter den Bauern einen der alten Veteranen, der als junger Standschütze noch dort gekämpft hat, ausfindig machen. Der Krieg da oben in 2900 Meter Höhe war ja nicht nur ein Kampf gegen den ebenbürtigen Feind, sondern ein gemeinsames Ringen gegen die Unbilden des Wetters. Es war ein höchst eigenartiger Krieg, nicht vergleichbar mit allem, was man sonst an kriegerischem Geschehen in zwei Weltkriegen erlebt hat. Hier wurden auf beiden Seiten die besten alpinen Truppen eingesetzt, Alpini, den Kaiserjägern ebenbürtig, Bersaglieri, nicht minder tapfer und bergerfahrenen wie die Landesschützen, und vor allem auf beiden Seiten eine alpine Elite, in Bergführerkompagnien oder alpinen Abteilungen formiert. Es ging um den Gipfel der Rotwandspitze. Doch dieser Gipfel ist in Wahrheit ein langer, ausgedehnter Grat, der sich in viele einzelne Türme, Pfeiler und Zacken auflöst. So wurde um jede einzelne Position erbittert gerungen. Doch es kam in diesem hochalpinen Ringen nicht nur auf soldatische Tapferkeit und Ausdauer an, sondern vor allem auf Kühnheit und Erfahrungen, um den Gegner überlisten zu können.

Das Gipfelmassiv der Sextener Rotwand (rechts) zeigt noch nach vielen Jahrzehnten die Spuren des Gebirgskriegs von 1915/17: Verfallene Wegbauten, Geschützkavernen und Unterstände. Links der Elfer.

Der Kampf um die Sextner Rotwand ist geradezu ein Beispiel für den Krieg in alpinem Gelände geworden. Hier müßte das Hohe Lied eines Kampfes vorgetragen werden, der für die Welt ein Beispiel und Vorbild geworden ist; denn hier tritt ein ganz einzigartiger Fall auf, der sich an keiner anderen Stelle der Alpenfront wiederholt: Dieser Kampf um einen strategisch hochwichtigen Berggipfel ist von maßgebenden Männern auf beiden Seiten in allen Einzelheiten geschildert und beschrieben worden, beiderseits ohne Emotionen, ohne Ressentiments, sondern in einer geradezu kameradschaftlichen Haltung! Hauptmann Oswald Ebner, der als Kaiserjägeroffizier die Sextner Rotwand in der entscheidenden Phase verteidigt hat, schrieb sein Buch „Der Kampf um die Sextner Rotwand". Der ehemalige Präsident des Club Alpino Italiano, Antonio Berti, der als italienischer Offizier gleichfalls auf der Rotwand gekämpft hat, schildert in seinem Buch „Guerra per le crode" alle Einzelheiten dieses Kampfes.
Der tatsächliche Gegenspieler Ebners war ein Alpinileutnant Lunelli, ein tollkühner, phantasiebegabter Alpinist, dem es immer wieder gelang, mit seinen geschulten Männern einen der Türme und Zacken, die Hauptmann Ebner mit seiner Hochgebirgskompagnie 19 verteidigte, anzugreifen. Wenn man das Buch von Ebner in das Italienische übersetzen würde, das Buch von Berti ins Deutsche, könnten interessierte Leser, hüben wie drüben, den Kampf um die Sextner Rotwand in allen Einzelheiten nacherleben, eine Lektüre aufregender und spannender als jeder Kriminalroman. Etwa so: Lunelli hat einen verwegenen Plan, so kühn, daß man auf österreichischer Seite gar nicht daran denkt, daß ein Angriff von dieser Schutthalde aus über die steil emporschießende Wand möglich wäre. Lunelli weiß, daß die Österreicher diese Stelle daher gar nicht abgesichert haben. Darauf baut er sein Unterneh-

men, sucht die besten, verwegensten Männer aus und arbeitet sich in der Dunkelheit an diese Wand heran. Da ist der Fels, der steile Riß, der ihn höher bringen muß, die schmale Traverse, nun noch der Überhang, alles geht gut. Oben in der Gipfelstellung scheint man nichts zu ahnen. Doch Lunelli irrt sich. Ein vorgeschobener Posten auf der sogenannten „Betenden Moidl" -- ein Felsturm, der die Gestalt eines in Andacht versunkenen Mädchens hat — hört verdächtige Geräusche und meldet dies sogleich. Ebner errät die Absicht des Gegners. Er weiß, was er Lunelli zumuten kann, und schiebt in aller Eile seine Feldwachen an die bedrohte Stelle. Lunelli ahnt, daß sein Plan erkannt worden ist und ändert sein Unternehmen. Ebner kann ihn nun vom Gipfel aus beobachten. Das atemberaubende Katze- und Mausspiel geht weiter. Lunelli wartet unter einem gesicherten Felsvorsprung die Nacht ab. Vielleicht fällt ihm dabei eine andere Aktion ein. Ebner soll auf der Hut sein. Und er ist es. Der Gipfel der Rotwand bleibt bis zum Ende dieser Kämpfe in österreichischer Hand. Wie gesagt: Eine Dokumentation des Gebirgskrieges, die in dieser Form einzigartig ist.
Einzigartig auch der Ausklang! An einem schönen Sommertag treffen sich auf dem Fischleinboden zwei Feriengäste besonderer Art: Der Professor Italo Lunelli aus Trient und Oswald Ebner aus München. Einstmals erbitterte Gegner, jetzt Bergkameraden. Während sie zur Rotwand aufsteigen, um einen „Lokalaugenschein" vorzunehmen und ihre alten Stellungen zu besuchen, erzählen sie sich gegenseitig dieses oder jenes Abenteuer, auch manches, was der andere wohl geahnt, aber nicht sicher gewußt hat. So ergänzen sie beide ihre Erinnerungen auch nach der anderen Seite hin. Oben auf dem Gipfel der so hart umkämpften Sextner Rotwand aber schließen die beiden eine Freundschaft für das ganze Leben. Für alle, die den Krieg verabscheuen, eine Ermutigung und ein Symbol!
Noch sind auf der Sextner Rotwand überall die Spuren des Krieges zu erkennen. Manche Bezeichnung, die damals für einzelne Erhebungen dieses Gebietes gefunden wurde, ist in die alpine Literatur übergegangen. So gibt es den „Barthgrat", italienisch Pianoro del Dito, den „Sildturm", italienisch Torre Trento, den „Stopselzieher", die „Bischofsmütze" und schließlich den „Vinatzerturm", der den Hauptgipfel bildet. Die Brüder Vinatzer, Bergführer aus dem Grödental, sind beide auf dem Gipfel der Rotwand gefallen.

Für den Bergsteiger empfiehlt es sich, nicht die verfallenen Kriegswege zu benützen oder sich auf Sicherungen, die man mitunter antrifft, zu verlassen. Besser ist es, so gut es geht, „dem Kriege auszuweichen". Im übrigen ist die Aussicht von der Sextner Rotwand so großartig, daß man darüber wirklich den Krieg vergessen kann: Die Menschen kommen und gehen, doch ewig stehen die Berge.

Dritter Tag: Kreuzberg und Alpiniweg

Wer von Sexten-Moos aus über Waldwege und Almwiesen in zwei Stunden zum Kreuzberg hinaufwandert – das Auto schafft den Höhenunterschied von 300 Meter auf der vorzüglichen Straße in einer knappen Viertelstunde! – erlebt jenen Kontrast, der für das Landschaftsbild von Sexten charakteristisch ist, noch ein drittesmal, schroffer, eindrucksvoller als zuvor, gewissermaßen ins Extrem gesteigert. Als eine erschreckend jähe, in sich geschlossene Wandflucht bauen sich die Wände, Pfeiler und Grate der Rotwand, des Elfer und der Hochbrunner Schneide auf. Es ist die nach Osten gerichtete Stirnfront der Sextner Dolomiten, die – ein überwältigender Anblick – ohne jeden Übergang unvermittelt aus den grünen Almböden emporschießt.
Aber auch der Karnische Kamm, der sich vom Helm bis zum Hornischek als eine Aufeinanderfolge gleichförmiger dunkler Gipfel, wie sie für das Gebiet der kristallenen Schiefer typisch sind, gezeigt hat, wirft hier einige deutlicher ausgeprägte Gipfel auf, so den Demut, den Eisenreich und den aus der Gratfolge vorprellenden Knieberg, italienisch Col Quaterná.
Der nur 1656 Meter hoch gelegene Paß bildet einen bequemen Übergang aus dem Sextner Tal in das benachbarte, italienisch besiedelte Hochtal, das Comelico, in weiterem Sinne aus dem Pustertal in das Cadore. Begünstigt durch die Linie Piave-aufwärts, konnte Venedig schon im frühen Mittelalter seine Herrschaft bis zum Kreuzberg ausdehnen und die Tiroler Grenze erreichen. Der Kreuzbergpaß bildet die Wasserscheide zwischen dem Sextner Bach

und der Torrente Padola, also zwischen Drau und Piave und damit zwischen dem Schwarzen Meer und der Adria. Was sich in der Natur so eindeutig ausprägt, spiegelt sich auch in der Besiedlung wider, ja, der Kreuzbergpaß stellt geradezu ein klassisches Beispiel für eine klare Volksgrenze dar. Während an anderen Grenzen im Laufe der Jahrhunderte bestimmte Übergangsformen entstehen, durch die das Bild einer Volks- und Siedlungsgrenze allmählich verwischt wird, beispielsweise im Elsaß oder in Nordschleswig, gibt es hier keine Zwischenformen und Übergänge. Erstaunlich, weil der Kreuzbergpaß an sich sehr niedrig und leicht zu überqueren ist, also von Natur aus eher verbindet als trennt. Diese eindeutige Abgrenzung zwischen hüben und drüben zeigt sich schon nach außen hin in der Form der Siedlung und des Hausbaues.

Im Sextner Tal beherrscht der Einzelhof das Bild, und auch der letzte gegen den Kreuzberg zu liegende Hof Frohneben ist noch so tirolisch, so urtümlich bairisch, daß er ebenso irgendwo im Isartal oder bei Mittenwald stehen könnte. Da ist nicht der geringste fremde Einfluß zu spüren, obwohl man dem Nachbarn drüben so nahe ist, daß die Wälder und Almen unmittelbar aneinandergrenzen. Kommt man aber über den Kreuzberg hinüber, so merkt man schon im ersten Dorf, das man erreicht, Dosoledo, an der Anlage der eng ineinander geschachtelten Häuser, daß man sich im italienischen Siedlungsbereich befindet. Dieser klaren Scheidung entspricht auch die Haltung der Menschen hüben und drüben. Es wird niemals „über den Kreuzberg geheiratet“. Es gibt in Sexten, selbst jetzt, da die Grenze offen ist, niemanden der aus dem Comelico stammt, ebenso wenig wie man unter den Bewohnern des Comelico jemanden aus Sexten finden wird.

Daß diese eindeutige Scheidung nicht so sehr durch die geographischen Verhältnisse bedingt ist, als vielmehr auf einem sicheren Instinkt beruht — für die Menschen hüben und drüben ist der Kreuzberg noch immer eine Grenze — läßt sich in einem besonderen Beispiel nachweisen. Jenseits des Kreuzbergpasses, wenn man von San Stefano di Cadore in das Quellgebiet der Piave fährt, erreicht man die deutsche Sprachinsel Bladen (italienisch Sappada). In diesem landschaftlich überaus reizvollen Gebiet — ein Dolomitenland en miniature — haben sich im 9. Jahrhundert Bauern aus dem Villgratentale festgesetzt, die, weil sie ganz auf sich selbst gestellt waren, ihre Eigenart, die Pustertaler Mundart und Tracht, bis heute erhalten haben, trotzdem dieses Gebiet schon seit dem Krieg von 1866 zu Italien gehört. Obwohl Bladen von Sexten weit abliegt und schwer erreichbar ist, hat sich zwischen beiden Orten seit altersher eine gute Nachbarschaft entwickelt, die sich auch in familiären Bindungen äußert. Wie sich mancher Bladner in Sexten nach einer Braut umgesehen hat, sind Bladner auch in Sexten heimisch geworden. So entstammt z. B. die Familie des Bergführers Andrä Piller, der in der „Fliegenden Patrouille“ gekämpft hat und an der Kleinen Zinne abgestürzt ist, einem alten Bladner Geschlecht.

Wie stark der Kreuzbergpaß von beiden Seiten aus als naturgegebene Grenze empfunden wurde, äußert sich auch darin, daß der Kreuzberg seit altersher die politische Grenze getragen hat, eine Grenze, die bis zum Jahre 1918, also nahezu durch ein Jahrtausend, unverändert geblieben ist, ohne Zweifel eine der stabilsten politischen Grenzen in den Alpen überhaupt. Im allgemeinen hat der Kreuzberg wenig Kampf erlebt. Nur Kaiser Maximilian, der letzte Ritter, der sein Reich am liebsten von Tirol aus regierte, geriet mit Venedig in einen Kampf, der von 1509 — 1516 dauerte. Damals stießen venezianische Söldner über den Kreuzberg vor, fielen in das Pustertal ein und kamen bis Bruneck. Doch wurde diese Schar bald wieder zurückgetrieben und die Türe auf dem Kreuzberg so gründlich zugeschlagen, daß wieder jahrhundertelang Friede war.

Erst im Sturmjahr 1848 und im Feldzug 1866 kam es auf der Paßhöhe zu Gefechten, ohne daß sich an den Grenzverhältnissen etwas geändert hätte. Im Mai 1915 aber wurde der Kreuzberg zur Front. Die österreichischen Stellungen liefen vom Gipfel des Eisenreich über die weiten Hänge der Alpe Nemes zu dem waldigen Rücken des Seikofels, mit dem die Österreicher den Paß sperrten. So erbittert auch diese Kämpfe waren, der Frontverlauf blieb bis zum November 1917, als mit dem Durchbruch von Karfreit deutsche und österreichische Truppen in die venezianische Tiefebene vordrangen, unverändert. Ein hohes Gedenkkreuz auf einer Wiese westlich der Paßhöhe erinnert an die Männer, die auf beiden Seiten in diesem Kampfe gefallen sind. Vor diesem Kreuz versammeln sich alljährlich an einem festgesetzten Tage österreichische, deutsche und italienische Frontkämpfer zu kameradschaftlicher Begegnung.

Die Grenze aber verläuft seither nicht mehr auf dem Kreuzberg, sondern auf dem Karnischen Kamm. Sie wurde gewissermaßen aus westöstlicher Richtung um 90 Grad in nordsüdliche Richtung herumgedreht. Daß der Kreuzberg keine Grenze mehr trägt, hat den Vorteil, daß man sich nun dort überall frei und ungehindert bewegen kann. Seither wird der Kreuzberg nicht nur „passiert" wie früher, vielmehr entwickelt sich der Paß von Jahr zu Jahr mehr zu einem günstigen Ausgangspunkt für Wanderungen und Kletterfahrten, so daß man dort gerne den Wagen parkt, um längeren Aufenthalt zu nehmen. Der Berggasthof auf dem Kreuzbergpaß wurde 1915 zerstört und erst im Jahre 1937 vom alten Happacher wieder neu aufgebaut. Im Jahre 1956 wurde dieses schöne, gastliche Haus von dem Bergführer Much Happacher übernommen, der in jungen Jahren einer der verwegensten Kletterer in Sexten war. Außerdem eignet sich das Gelände um den Paß großartig für den Skilauf. Über das durch mehrere Skilifte erschlossene Gebiet hinaus lassen sich vom Kreuzberg aus sowohl Skiwanderungen wie hochalpine Skifahrten durchführen.

Der Bergwanderer aber weiß zunächst gar nicht, welchem Wege er in diesem abwechslungsreichen Gelände den Vorzug geben soll. Will er auf der sanften, also der Karnischen Seite des Passes beginnen, so wird er durch schönen Hochwald und über ausgedehnte Wiesen zur Nemesalpe hinüberwandern. Wer gut bei Fuß ist, kann von dort aus, das Hochtal überquerend, den isoliert stehenden Knieberg, 2503 Meter, besteigen, von dem aus man die an-

Der Kreuzbergpaß bietet nicht nur gastliche Raststätten, er ist auch Ausgangspunkt für viele Wanderungen und Bergfahrten – vom leichten einstündigen Aufstieg auf den Schuß (Cima Colesei, 1974 m) bis zu den Klettersteigen „Alpiniweg" und „Aldo Roghel-Cengia Gabriella", die 6 bis 7 Stunden erfordern. Im Winter ist der Kreuzbergpaß ein ideales Skigebiet.

mutige Landschaft des Comelico zum Greifen nahe vor sich hat und im Kranz der Berge auch jene Gipfel erkennen kann, die das weit abgelegene Bladen umgeben. Überhaupt, wer Ruhe und Beschaulichkeit sucht, kann sie auf diesen einsamen Almwiesen, in den wundervollen Hochwäldern, die den Paß umgeben, gewiß finden. Sehr zu empfehlen ist auch eine Wanderung nach Padola hinab, nicht auf der lauten Paßstraße, die vor allem für Leute da ist, die schnell nach Venedig kommen wollen, sondern dem alten Fahrweg nach, der an dem bekannten Schwefelbad Bagni di Val Grande vorbei in dieses reizvoll gelegene Bergdorf führt, das sich in den letzten Jahren in eine beliebte und komfortable Sommerfrische verwandelt hat. Wem es dabei noch nach einem schönen, zugleich nicht sehr anstrengenden Gipfelerlebnis gelüstet, der weiche von dem Wege rechtzeitig ab, um jenen sonderbaren, 1974 Meter hohen Bergrücken zu besteigen, der sich unmittelbar vor die wild zerrissenen Wände und Gipfel der Dolomiten hinstellt, den „Schuß", wie dieser Berg eigentümlicherweise heißt, italienisch Cima Collesei. Übrigens ist vor kurzem auf diesem Berg auch ein Lift angelegt worden, vor allem, um diesen nach allen Seiten sanft abfallenden Rücken auch den Skifahrern leichter zugänglich zu machen.

Wer aber nicht nur mit Wald und Wiese, sondern auch mit Fels vertraut ist, wird über die Arzalpenscharte zur Bertihütte (Rifugio Antonio Berti) wandern, ein Weg von drei Stunden, für den man nur gutes Schuhwerk und sicheres Wetter braucht. Auf jenem vielzackigen Grat, der von der Sextner Rotwand gegen den Kreuzberg zieht, ist ein kühner Felspfeiler, der Neunerkofel aufgesetzt, dessen Wände allseits so glatt sind, als hätte sie ein Sextner Steinmetz zugehauen. Eine grasbewachsene Scharte trennt ihn vom Arzalpenkopf, der im Gegensatz dazu so sanft ansteigt, daß man ihn ohne Mühe bei dieser Bergwanderung mitnehmen kann. Auf bequemen Wegen steigt man dann zu dem niedrigen Gratrücken des Crestone di Popera ab und erreicht von dort die schöne, neue Bertihütte, die an Stelle der alten, in manchem Wanderführer noch erwähnten Salahütte errichtet wurde, die inzwischen aufgelassen worden ist. Auf dem ganzen Wege hat man die schneedurchfurchten Wände, die wildzerrissenen Grate, die bizarren Felsgestalten der Rotwand, des Elfer und der Hochbrunner Schneide vor sich.

Vor der Bertihütte, die man auch von Padola aus bequem erreichen kann, faltet sich dieses Panorama vollends auseinander, wobei die einzelnen Berge ihre schönste Seite zeigen. Der Kletterer findet von dieser Hütte aus ungemein lohnende Ziele, etwa über die Ostwand der Hochbrunner Schneide, eine der größten Wandklettereien mittlerer Schwierigkeit, die es in den Sextener Dolomiten gibt, die aber den Vorteil hat, daß man dann vom Gipfel aus über das Innere Loch zur Zsigmondyhütte hinunterbummeln kann. An der Cima Popera mit ihrem eigenartigen Felsvorbau, Fulmini genannt, gibt es gleichfalls mehrere viel beachtete Kletterrouten. Besonders imposant wirkt die Cima Bagni, die allerdings eine langwierige und anstrengende Kletterei er-

fordert. Die Cima d'Ambata, so verlockend schön sie aussieht, ist wegen der weiten Anmarschwege bei den Kletterern nicht sehr beliebt.
Doch den Bergsteiger, der den Kreuzbergpaß als Standort für seine Touren gewählt hat, erwartet hier noch ein Erlebnis ganz besonderer Art, einmalig in den Dolomiten, ja, in dieser Form einzigartig in den Alpen überhaupt: der Alpiniweg, von den Italienern „Strada degli Alpini" genannt, weil diese Anlage während des ersten Weltkrieges von italienischen Alpini geschaffen worden ist. Hier hat der Krieg in den Bergen einmal ausnahmsweise eine positive Seite gezeigt; denn in friedlicher Zeit wäre niemand auf die geradezu verrückte Idee gekommen, durch diese bizarre Felsenwildnis, die von keiner anderen Seite aus zugänglich ist, einen Weg anzulegen.
Die Bezeichnung „Weg" oder gar, wie es im Italienischen heißt „Strada", also Straße, darf nicht zu der Auffassung führen, es würde sich dabei wirklich um einen Weg handeln, den man jedem einfachen Wanderer empfehlen kann. Im Gegenteil! Die Begehung des Alpiniweges ist auch für den erfahrenen Bergsteiger ein heikles Unternehmen, das nicht nur alpines Können und Schwindelfreiheit, sondern auch eine entsprechende Ausrüstung erfordert. Selbst im Hochsommer bekommt man dabei hin und wieder mit Schnee, jedenfalls aber mit Eis zu tun, das die tiefen Schluchten, die man durchqueren muß, erfüllt. Natürlich ist man auf diesem Wege, der immerhin für den normalen Berggeher sechs bis sieben Stunden erfordert, sehr vom Wetter abhängig. Jedenfalls ist es ratsam, sich vor Antritt dieser Tour auf dem Kreuzberg, der Bertihütte, oder, falls man die Tour auf der Zsigmondyhütte beginnt, dort über den jeweiligen Zustand des Weges zu unterrichten.

Besonders eindrucksvoll ist diese Stelle des „Alpiniweges". Eine tiefeingeschnittene Schlucht mit fast senkrechten Wänden wird auf in den Fels gesprengter Weganlage überwunden.

Auch die Höhenunterschiede sind bedeutend: Der Kreuzbergpaß liegt 1656 m hoch, die Bertihütte 1950 m, der höchste Punkt, die Anderteralpenscharte, 2716 m, die Zsigmondyhütte, 2235 m. Aus diesen Angaben ersieht man, daß es an sich ratsam ist, den Alpiniweg von der Zsigmondyhütte aus zu begehen und zum Kreuzbergpaß abzusteigen. Vom Kreuzberg aus unternommen, ist diese Route allerdings noch eindrucksvoller, wenn man aus dem grünen Almbereich des Passes unmittelbar in diese zauberhafte Felsenwildnis hineingerät.
Man steigt von der Bertihütte aus am Fuße des Neunerkofels empor, überquert mehrere von der Rotwand herabziehende, eiserfüllte Schluchten und erreicht in vielen Kehren die Anderteralpenscharte, von den Italienern „Passo di Sentinella" genannt. Auf dieser hochgelegenen Scharte, die das Massiv der Rotwand vom Elfer trennt, und die im Kriege von den Alpini in kühnem Handstreich erobert worden ist, erhebt sich ein charakteristischer Felsturm, von der Alpini „la Sentinella" (Wachtposten) genannt. Danach wurde auch die Scharte benannt, ein beliebter Treffpunkt der italienischen Veteranen. Von dieser Scharte aus quert man in die Nordflanke des Elfers, erreicht das sogenannte „Äußere Loch", passiert eine mit Drahtseilen gesicherte Felswand und erreicht über den eisbedeckten Grund einer tiefen Schlucht das berühmte Salvezzaband, das unmittelbar durch himmelhohe

Felswände führt und über das „Innere Loch“ den Weg zur Zsigmondyhütte freigibt.
Doch was hat diese Beschreibung gegenüber dem Erlebnis selbst zu sagen, das uns dieser Weg vermittelt? Selbst Bergsteiger, die viel in den Alpen herumgekommen sind und sich überall das Interessanteste und Schönste ausgesucht haben, sind von diesem unvergleichlichen Erlebnis gepackt und begeistert. Nirgends aber findet die Kamera so eindrucksvolle Motive wie hier, Motive, bei denen es, da der Horizont fehlt, oft schwer zu unterscheiden bleibt, was unten ist, was oben. Kein Gipfelerlebnis natürlich! Man ist versucht zu sagen, eher das Gegenteil: nicht ein Weg auf den Berg, vielmehr ein Weg in den Berg; denn so jäh bauen sich die einzelnen Felskulissen auf, so eng drängen sich die Wände zusammen, daß man tatsächlich mitunter den Eindruck hat, inmitten einer düsteren Felsenwildnis eingeschlossen zu sein, aus der es keinen Ausweg gibt; kein befreiendes Gefühl, wie es die durchkletterte Wand, der bezwungene Gipfel dem Menschen vermittelt, viel eher das Gefühl ungeheurer Wucht und einer unheimlichen Dämonie des Berges. Wie klein, wie nichtig ist der Mensch angesichts dieser gewaltigen Szenerie!
Über 2000 Menschen begehen in manchen Sommern den Alpiniweg – ein Zeichen dafür, wie begehrt und wie einzigartig und einmalig dieses Abenteuer ist. Wer also in die Sextner Dolomiten kommt, möge sich daran erinnern, daß es dort nicht nur Gipfel und Wände gibt, sondern einen der interessantesten, kühnsten Höhenwege der Alpen, den Alpiniweg.
Frei, groß und erhaben ist das Gefühl auf dem Gipfel eines Berges, wenn man das, was der Fels verlangt hat, das Irdische sozusagen, hinter sich gebracht hat und nun im Unendlichen steht. Tief ist die Erde hinabgesunken, man glaubt keine Verbindung mehr mit ihr zu haben. Das Auge sucht die unermeßliche Weite des Horizonts und sieht nur mehr den Himmel, weit und gewaltig, über sich. Es ist ein Weltgefühl besonderer Art, das nur der Berg vermitteln kann, ein Gefühl, zu dem auch die Mühe des Aufstiegs und die Sorge um den Abstieg zugerechnet werden muß, ein Gefühl, das selbst jenen, denen die Kirche fern ist, die Nähe des Schöpfers ahnen läßt.
Anders die Gefühle und Empfindungen, die den Menschen auf dem Alpiniweg begleiten. Denn hier gilt nicht die Höhe, nicht der Gipfel, nicht der Blick in die Unendlichkeit. Auf diesem Weg bleibt Stunde um Stunde der Berg allein bestimmend und selbst, wenn das Ziel erreicht ist, bleibt das Gefühl, den Berg immer um sich zu haben, bestimmend. Kein Horizont, kein Himmel mehr! Es ist ein Weg, der uns zum Wesen des Berges führt, mehr vielleicht als der Aufstieg zum Gipfel. Wir erleben die Kraft und Unerbittlichkeit des Berges als jene einzigartige Schöpfung, der gegenüber der Mensch mit all seinen Plänen und Ideen unbedeutend bleibt. Wir dringen vor zu den innersten Geheimnissen des Berges, zu seinem Wesen an sich. So bildet das Erlebnis Alpiniweg einen Ausgleich zu all dem, was wir in diesem glanzvollen Reich der tausend Gipfel und Wände erleben können.

Vierter Tag: Innerfeld, das Tal der Stille

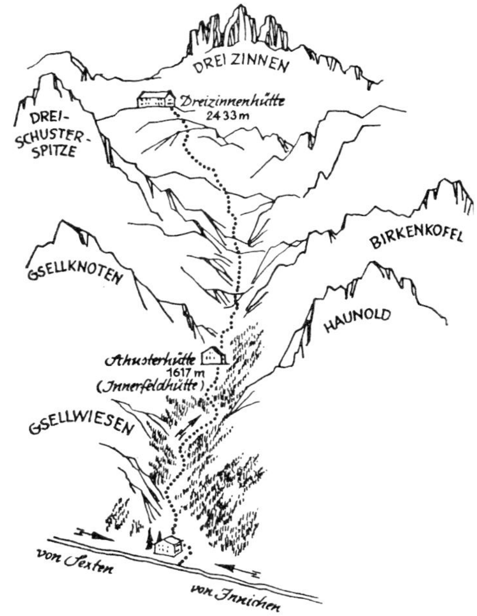

Wahrhaft, ein Glück für jeden, der die Berge liebt, daß es in Sexten auch dies noch gibt: Ein stilles, einsames Hochtal, in dem man wirklich noch mit den Bergen allein ist. Daß das Innerfeldtal so unberührt geblieben ist, beruht nicht darauf, daß er sehr abgelegen und schwer erreichbar bleibt. Es wird nur deshalb von vielen vergessen, weil das Fischleintal viel mehr bekannt ist und alle Besucher an sich zieht. Dabei ist das Innerfeldtal von ganz besonderem Reiz, ja, für den Kenner des Sextner Gebietes ist dieses Tal mit seinen stolzen Gipfeln zum Inbegriff dessen geworden, was man sich unter einer romantischen Dolomitenlandschaft vorstellt.
Tatsächlich aber wird das Innerfeldtal, das sich auf halbem Wege zwischen Innichen und Sexten nach Süden öffnet und unmittelbar in das Zentrum der Sextner Dolomiten, nämlich auf das Zinnenplateau führt, von Bergsteigern wie von Wanderern zumeist ganz übersehen. Das Fischleintal ist schöner, so heißt es. Nun, darüber läßt sich streiten. Was für das Fischleintal der Zwölfer ist, ist für das Innerfeldtal die Dreischusterspitze, die nur von diesem Tale aus ihre ganze Schönheit und Größe offenbart. Vom Innerfeldtal aus baut sich die Dreischusterspitze unvermittelt aus dem Talgrund auf, einer gotischen Kathedrale gleich, an der alles ins Überdimensionale gesteigert ist und sich das zierliche Filigran der Fassade vollends in das gigantische Spiel unzähliger Türme, Pfeiler und Zacken aufzulösen scheint.

Aber das Fischleintal ist kürzer, ist noch leichter erreichbar und führt rascher zu den Drei Zinnen empor, während das Innerfeldtal – Gott sei's gedankt! – fast unbekannt geblieben ist.
Auch dieses Tal der Stille stand in Gefahr, ein Tal des Lärmes und der Unruhe zu werden. Man weiß ja, wie das heute ist: Wo es eine Straße gibt, die man mit seinem Wagen, also mit vier Rädern, befahren kann, mag sie noch so steil und steinig sein, muß mit Autofahrern gerechnet werden. Die Straße ins Innerfeldtal ist gewiß kein Paradestück, steil ist sie und steinig auch, doch es gibt Autofahrer, die gerade eine solche Straße als Herausforderung empfinden und sich, sei es wie immer, bis an das Ende der Straße durchquälen. Somit stand fest, daß das Innerfeldtal, unser Tal der Stille, sehr bald von den Autofahrern zur Gänze erobert werden und daß sich der wunderbare Talschluß am Fuße der Dreischusterspitze in einen Allerweltsparkplatz verwandeln würde.

Im Winter bieten die Sextener Dolomiten dem Anfänger einige talnahe kleine Übungslifte, dem geübten Tourenfahrer lohnende Ziele. Die Skifahrer befinden sich im Innerfeldtal bei der Oberhütte. Links die Bullköpfe.

Doch die Autofahrer hatten nicht mit dem tüchtigen Sextner Bürgermeister Franz Villgrater gerechnet, der schon beim Kampf gegen die „Alemagna" bewiesen hatte, daß für ihn die Erhaltung des Landschaftsbildes keine leere Phrase, sondern eine harte Aufgabe bedeutete. So hat er gegen alle Widerstände sowohl für das Innerfeldtal wie auch für das Fischleintal am Eingang der Täler Autoschranken errichten lassen. Empört macht mancher Autofahrer davor halt. Was soll das? Nicht mehr weiterfahren? Wieso nicht? Allmählich begreift er, worum es geht. Und er steht nun vor dem Dilemma, entweder anderthalb Stunden bzw. eine Stunde zu Fuß bis zum Talschluß zu gehen oder, wenn ihm das zu mühsam ist, wieder in den Wagen zu steigen und auf die Besichtigung dieser Täler zu verzichten. Man sollte das, was hier in Sexten vorgeführt wird, in vielen Teilen unserer Alpen nachahmen.

Aber noch etwas Erfreuliches ist im Innerfeldtal geschehen. Früher gab es für den Bergsteiger im ganzen Tal keine gute Unterkunft. Er mußte also, wenn er vom Innerfeldtal aus eine größere Tour unternehmen wollte, etwa als alpines Glanzstück dieses Gebietes, die Ersteigung der Dreischusterspitze von Westen her, falls er nicht zelten wollte, den weiten Anmarschweg mit in die geplante Tour einrechnen, denn die alte Hütte, die im Talgrund stand, war eine private Erholungsstätte und deshalb für Touristen nicht zugänglich. Nun aber hat man auf dem schönen, weiten Talboden, über dem die Dreischusterspitze aufsteigt, eine prächtige Unterkunftshütte gebaut, kein Hotel, Gott bewahre, das hätte dieses Tal nicht ertragen, viel mehr eine ganz auf den Bergsteiger abgestimmte idyllische Behausung, die neue Dreischusterhütte.
Was der Bergsteiger sonst auf seinen Karten als Hütte bezeichnet findet, etwa die Oberhütte, bei der man zur Lückelescharte aufsteigt, oder die Schäferhütte auf der Toblacher Seite des Hochebenkofels, ist aufgelassen oder verfallen. Auch beim Aufstieg zum Zinnenplateau, immerhin ein Weg von drei bis vier Stunden, gibt es keine Unterkunft. Die Anstiege zu den

ROSSIGNOL

einzelnen Gipfeln, auch die Übergänge, die in das oberste Tal der Rienz führen, sind weit und mühsam. Die Einsamkeit und Stille dieses Gebietes muß eben durch den Verzicht auf manche Bequemlichkeit erkauft werden.

Es ist trotzdem ein ideales Gebiet für Menschen, denen die Welt zu laut und zu aufdringlich, vielleicht auch zu bequem, zu komfortabel geworden ist. So hat sich einer der bekanntesten Schriftsteller des vorigen Jahrhunderts, Georg Freiherr von Ompteda, der unter anderem den vielgelesenen Bergsteigerroman „Exzelsior“ geschrieben hat, im Innerfeldtal eine Blockhütte gebaut, um hier, abseits der lauten, geschäftigen Welt, in Ruhe seinen Neigungen leben zu können.
Wer durch die Lärchenwälder, die den Weg begleiten, in dieses Tal hineinwandert, erlebt den Zauber einer Dolomitenlandschaft auf besondere Art. Über den hellen Lärchen, die zum Unterschiede von den Fichten und Tannen des geschlossenen Hochwaldes den Ausblick niemals völlig verstellen, sondern erraten lassen, was man zu erwarten hat, blenden die hellen Kalkgipfel herein, nicht drohend und abweisend wie anderswo, sondern anmutig und heiter wie eine beschwingte Melodie von Mozart. Mit jedem Stück Weges wechselt das Bild. Einmal hält uns zur Linken der Gsellknoten mit den köstlichen Formen seiner Grate und Gipfel in Bann. Doch bald übertrumpft ihn rechts der Haunold mit nadelfeinen Spitzen und Zacken, bis sich dann über dem zarten Geäst der Lärchen der Dom der Dreischusterspitze in den Himmel baut — ein unendlich beglückendes Bild!

So eindrucksvoll dieser Weg für den Wanderer ist, der Kletterer sucht konkrete Ziele, das heißt Gipfel und Wände. Da ist zunächst der Haunold, der nördlichste Gipfel der Sextner Dolomiten, der als Wahrzeichen über Innichen steht. Aber vom Innerfeldtal aus gesehen hat er manches von seiner beeindruckenden Erscheinung eingebüßt. Weite Schuttkare ziehen da und dort von den Flanken des Berges herab, so daß für die Gipfelfelsen nicht mehr viel übrig bleibt. Verständlich, daß der Haunold deshalb vom Innerfeldtal aus verhältnismäßig leicht zu besteigen ist. Freilich muß man sich dabei mehr mit Schutt und Blockgeröll abquälen, ehe man zu genußvollem Felsklettern kommt.
Wer sich daher als Kletterer den Haunold zum Ziele gesetzt hat, wird sich der Nordseite des Berges zuwenden, die ihm schwierige Kletterfahrten ermöglicht, sei es die kürzere Route über die Nordostkante, sei es der für den passionierten Kletterer noch interessantere Anstieg durch die Nordwand, den der junge Sextner Bergführer Much Happacher erschlossen hat. Damit ist einiges dazu beigetragen worden, um den schlechten Ruf, den der Haunold unter den Kletterern genießt, zu verbessern. Trotzdem teilt der Haunold, obwohl er durch seine weit nach Norden vorgeschobene Lage zu den schönsten Aussichtsbergen der Sextner Dolomiten zählt, das Los des ganzen Tales: wenig beachtet, meist völlig übersehen! Kein Wunder, wenn man in wenigen Stunden die Drei Zinnen erreichen kann.

Daß diese Seite des Innerfeldtales, die noch eine Reihe anderer sehr markanter Gipfel wie den Gantkofel und den Toblacher Neunerkofel aufweist, vernachlässigt wird, hängt natürlich auch damit zusammen, daß unmittelbar gegenüber die Dreischusterspitze steht, die dem Kletterer großzügige und überaus lohnende Ziele verspricht.
Der seltsame Name „Dreischusterspitze" hat natürlich nichts mit „drei Schustern" zu tun, obwohl die Sage hartnäckig behauptet, es seien drei Sextner Schuster gewesen, die diesen Berg so schrecklich vernagelt hätten, daß man in dem Gewirr von Stiften und Nägeln, von Türmen und Zacken kaum noch den Gipfel selbst finden könne. Der sonderbare Name bleibt ungeklärt. Tatsächlich gibt es neben dem Hauptgipfel mehrere fast gleichhohe Nebengipfel, dann den sogenannten Nordgipfel, den Roten Turm, den Weißen Turm, die beide noch zum Gipfelmassiv gehören und, abgesetzt davon, außerdem noch die Kleinschusterspitze und die Schusterplatte, also ein ganzes Reich für sich.

Die Orientierung ist daher im Gebiet der Dreischusterspitze besonders schwierig und mancher erfahrene Bergsteiger, ja, Männer mit berühmten Namen, sind bei klarstem Wetter um den Gipfel herumgeirrt, ohne diesen finden zu können. Außerdem ist der Fels an manchen Stellen brüchig, so daß der Bergsteiger mit Steinschlag rechnen muß. Alles in allem: Während es andere Berge der Sextner Dolomiten, etwa der Einser oder die Drei Zinnen, dem Bergsteiger so leicht wie nur möglich machen, geschieht von der Dreischusterspitze alles, um den Bergsteiger abzuhalten, ein Umstand, der im übrigen recht gut zum Charakter des Innerfeldtales paßt.

Paul Grohmann erkannte richtig, daß die Dreischusterspitze leichter vom Fischleintal als vom Innerfeldtal aus zu besteigen war. Mit Franz Innerkofler und Peter Salcher stieg er am 18. Juli 1869 zur Weißlahn, querte in die Ostwand ein und fand tatsächlich schon beim ersten Versuch den Hauptgipfel, nicht zu verwundern; denn Grohmann kam ja nicht nur als Alpinist, sondern auch als Vermessungsingenieur in die Dolomiten. Seine Bergführer fluchten oft, wenn sie für ihn die leicht zerbrechlichen Geräte, vor allem die lange Barometerröhre, auf die Gipfel schleppen mußten. Emil Zsigmondy und Ludwig Purtscheller versuchten im Jahre 1884 den Gipfel von Westen her zu erreichen, kamen zwar auf den Gipfelgrat, nicht aber auf den Gipfel selbst. Ja, sogar Georg Winkler, wohl einer der verwegensten Männer aus der alpinen Frühzeit — nach ihm ist einer der Vajolettürme im Rosengarten benannt, — mußte bei seinen Versuchen im Jahre 1887 auf einen der Grattürme, vermutlich war es der Rote Turm, hinausqueren, weil er den Hauptgipfel nicht finden konnte.
Im nächsten Sommer aber kam Robert Hans Schmitt, der später als Erstbesteiger der Fünffingerspitze in der Langkofelgruppe bekannt geworden ist, wieder ins Innerfeldtal. Schon als Achtzehnjähriger hatte Schmitt versucht, die Dreischusterspitze allein auf neuen Wegen zu bezwingen. Vergeblich — erschöpft und von losbrechenden Steinen halb erschlagen, hatte

Von der Lückelescharte, 2529 m, präsentieren sich im Gegenlicht links der Zwölfer, rechts die Drei Zinnen, dazwischen der Paternkofel.

man ihn damals aus den Felsen geholt. Nun war er wieder gekommen, um diesen widerspenstigen Berg anzugehen. Mit S. Zilzer sowie den Bergführern Veit Innerkofler und Dimai gelang es ihm endlich am 1. August 1888, die Dreischusterspitze aus dem Innerfeldtal, also über die Westwand, zu erreichen.
Seither ist die Überschreitung der Dreischusterspitze vom Innerfeldtal aus zu einer klassischen Bergfahrt in den Sextner Dolomiten geworden, die freilich nicht nur alpines Können und Ausdauer voraussetzt, sondern auch sicheres Wetter und einen langen Tag.
Von den Bergen, die das Innerfeldtal in weitem Halbkreis umschließen, wird der gegen das oberste Rienztal vorspringende Schwalbenkofel von Kletterern viel besucht. Ostwand, Nordgrat und Westwand dieses Berges sind beliebte Kletterrouten. Die von italienischen Kletterern erstmalig bezwungene Südostverschneidung des Schwalbenkofel ist eine extrem schwierige Kletterei. Interessant ist auch die Naßwand, die als äußerster Vorbau der Bullköpfe 850 m tief in das Höhlensteintal abfällt, so hart zu der von Toblach nach Cortina führenden Straße, daß der Kletterer sozusagen schon im Auto die Kletterschuhe anziehen kann, um diese Wand zu meistern. Im Talschluß fächert sich das Innerfeldtal in mehrere Hochtäler auf. Man kann über das Wildgrabenjoch auf schönem, abwechslungsreichem Weg in vier Stunden das oberste Rienztal und von dort aus Landro und Schluderbach erreichen.

Noch schöner, noch einsamer ist der Übergang über das Lückele zu dem kleinen, romantischen Mitteralpelsee, von dem aus man zum Toblacher See absteigt, um so anziehender, als es in den Sextner Dolomiten, vom Misurinasee, der freilich nicht mehr unmittelbar zu den „Sextnern" gehört, abgesehen, nur kleine, unbedeutende Seen gibt.
Am beliebtesten aber ist der Aufstieg vom Innerfeldtal zum Zinnenplateau. Wie gesagt, dieser Weg ist weiter, umständlicher als der Aufstieg vom Fischleinboden über das Altensteintal. Aber was man nach drei Stunden einer ziemlich mühsamen und wenig ansprechenden Bergwanderung in der letzten Viertelstunde erlebt, entschädigt reichlich alle vorausgegangene Mühe. Während man im Aufwärtssteigen die grünen Almböden im Blickfeld hat und vor sich nur den leeren Himmel sieht, tauchen ein paar Schritte weiter phantastisch, ja so unwirklich wie Gebilde einer anderen Welt, plötzlich die Drei Zinnen auf, nicht anders als wären sie erst in diesem Moment dorthin gestellt worden, wo der Himmel eben noch leer war. Von keiner Seite aus wirkt der Anblick der Drei Zinnen so überwältigend, ja geradezu bestürzend wie beim Aufstieg aus dem Innerfeldtal; denn hier prallt man sozusagen unvermittelt an die erschreckend jähen Mauern der Nordwände. Dieses im gesamten Alpenraum einzigartige Erlebnis, die Drei Zinnen nicht von den üblichen, viel begangenen Wegen her zum erstenmal zu erblicken, sondern im Aufstieg aus dem einsamen, vergessenen Innerfeldtal, diesem einzigartigen Raum der Stille und der Sammlung, lohnt, wie gesagt, doppelt und dreifach die Mühe eines weiteren Weges.

Damit aber ist noch nicht alles über das Innerfeldtal gesagt. Wir wären nicht in den Sextner Dolomiten, wenn es nicht auch im Gebiet dieses Tales neben den bekannten Kletterbergen auch für den einfachen Bergwanderer einen „Fast-Dreitausender" gäbe.
Es handelt sich um den Hochebenkofel, der immerhin 2905 Meter hoch ist. Wie schon der köstliche Name verrät, ist dieser Berg zwar hoch, aber eben; genauer gesagt, er bildet keinen Gipfel, sondern, ähnlich wie der Schlern bei Bozen, ein Hochplateau, das von einer bestimmten Seite aus, in diesem Falle vom Lückele her, leicht erreichbar ist, während es auf den anderen Seiten steil abfällt. Es ist für einen Alpinisten wie Paul Grohmann bezeichnend, daß ihm dieser bequeme Gipfel keineswegs zu minder war, um ihn zu besteigen. Einige Jahre nachdem er die bedeutendsten Dolomitengipfel bezwungen hatte, stieg er auf den Hochebenkofel. „Ein Panorama", so schreibt er, „wie ich es bezaubernder hier in der Dolomitenwelt kaum noch geschaut hatte." Somit ist auch dem schlichten Bergwanderer in diesem Falle die Möglichkeit gegeben, den Spuren Grohmanns zu folgen. In vier Stunden kann man vom Innerfeldtal aus über das Lückele diesen „Fast-Dreitausender" erreichen und muß dabei kaum in den Fels greifen. Übrigens ist der Hochebenkofel schon im Jahre 1907, also in der Frühzeit des alpinen Skilaufes, von Richard Löschner, der als Oberleutnant bei den Landesschützen in Innichen diente und dem wir als Seilgefährten Langls eine Reihe Erstbegehungen in den Sextner Dolomiten verdanken — Löschner ist im Jahre 1914 im Ortlergebiet von einer Lawine verschüttet worden — mit Skiern bestiegen worden.
Der Rundblick vom Hochebenkofel ist wirklich einmalig. Die Sextner Dolomiten präsentieren sich unmittelbar, Gipfel um Gipfel, und wendet man sich herum, geht der Blick weit in die Ferne. Von der Hochalmspitze bis zu den Ötztalern kann man die Gipfel zählen. Paul Grohmann hat es gewußt. Man soll sich an sein Wort halten.
Übrigens, wem der Hochebenkofel doch zu gering erscheint, kann, wenn er schwindelfrei und gut gerüstet ist, in einer Viertelstunde über Bänder und durch einen kurzen, drahtseilgesicherten Kamin zum Gipfel des Birkenkofels hinüberklettern und von dort aus zusätzlich noch den Tiefblick in das Pustertal genießen, wo sich im bunten Land der Bauern ein Dorf an das andere reiht.
Zum Beschluß: Wer Stille und Einsamkeit sucht, dem sei das Innerfeldtal empfohlen!

Fünfter Tag: Fischleintal und Zwölfer

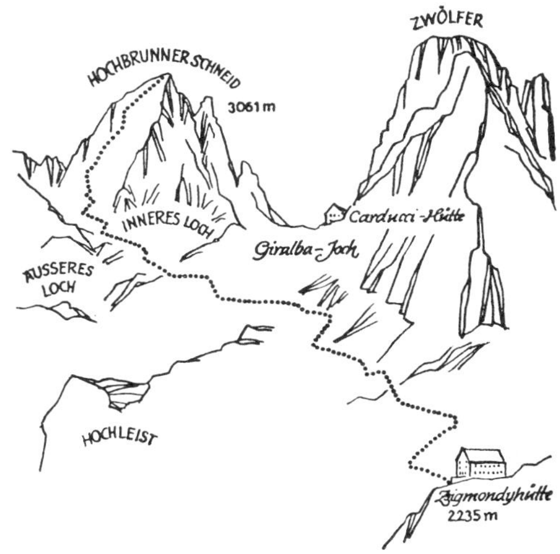

Woran liegt es eigentlich, daß dieses Tal auf den Besucher einen so eigentümlichen Reiz ausübt? Gewiß, die Berge, die es umrahmen, sind großartig. Doch dies trifft auch anderswo zu. Wenn man das Fischleintal als das schönste Tal der Dolomiten bezeichnet, so liegt es vielleicht daran, daß hier der gesamte Raum des Tales derartig von Bergen erfüllt ist, daß man, wo immer man steht und wohin man blickt, ein überaus eindrucksvolles Bild vor sich hat. Es gibt in diesem Rundblick keine leere, gleichgültige Stelle.

Das Besondere aber liegt darin, wie diese Berge angeordnet sind — fast ist man versucht zu sagen, wie diese Berge aufgestellt wurden. Wer ein Auge dafür hat, wird, auch ohne Geologe zu sein, den Schöpfungsplan gewissermaßen nachempfinden können. Eigenartig ist die strenge Symmetrie dieses Aufbaues. Das Fischleintal selbst bildet die Achse. Der Rotwand links entspricht rechts die Dreischusterspitze, dem Elfer links der Einser rechts. Der Zwölfer aber ist auf eine höhere Ebene gestellt und thront, die strenge Symmetrie durchaus wahrend, als großartiges Mittelstück über dem Ganzen.

Die tiefstehende Herbstsonne streift den schönen Bergwald, der sich von den goldenen Lärchen im Fischleinboden zu den Rotwandwiesen hinaufzieht. Die Rotwand, 2955 m, hat noch Sonne; Sentinellascharte, 2717 m, und die Nordostflanke des Elfers, 3092 m, liegen bereits im Schatten.

Der Zwölfer ist es, der diesem romantischen Bergtal Gestalt und Weihe gibt. Dieser eigentümliche symmetrische Aufbau, der sich in den Dolomiten nirgends in so klarer Form wiederholt, spielt sich auf einem verhältnismäßig kleinen Raum ab; denn im Gegensatz zum Innerfeldtal ist das Fischleintal nicht sehr ausgedehnt. Man kann es in einer Stunde durchwandern. Mit anderen Worten gesagt, das Fischleintal ist eigentlich nicht das, was man sich unter einem Tal vorstellt, vielmehr nur ein alpiner Schauplatz, eine grandiose Naturbühne, über der sich die gewaltigen Kulissen der Sextner Sonnenuhr-Berge erheben, eben nur eine Art „Boden", wie ja auch die Bezeichnung „Fischleinboden" verrät. Man sagt „Fischleinboden", wie man „Stubenboden" sagt; denn der Talgrund mit seinen saftig grünen, waldumstandenen Wiesen verläuft fast eben. Lotrecht aber schießen ringsum die Wände empor. Dieses Wechselspiel zwischen Horizontalem und Vertikalem ist für das Fischleintal charakteristisch. So kommt jeder Besucher auf seine Rechnung. Auch der Sommergast, der sich selbst nur mehr einen gemächlichen Wiesenspaziergang zumutet, also im Horizontalen bleibt, kann dabei mit freiem Auge dem Kletterer zusehen, der sich im Vertikalen über eine extrem schwierige Wand emporarbeitet.

Vom Büllelejoch, 2528 m, über das der Weg von der Zsigmondy- zur Dreizinnenhütte führt, blickt man weit nach Süden zur Marmarole-Gruppe. Links unten ein Stück des Weges zur Auronzohütte.

So verbindet diese einzigartige Landschaft die verschiedenen Extreme, die der Alpinismus ausgebildet hat, und versöhnt sie miteinander, indem sie jedem das gibt, was ihm angemessen ist. Dazu kommt, daß das Fischleintal leicht erreichbar ist. Man zweigt von der Autostraße, die von Sexten auf den Kreuzberg führt, in der Ortschaft Moos ab und erreicht auf einer Fahrstraße schon nach dreieinhalb km die Autoschranke am Fischleinboden. Freilich, der Autotourist, der das Fischleintal nur mitnimmt, weil man es gesehen haben muß, der also losfährt, ohne sich um die Berge links oder rechts zu kümmern, und nach zehn Minuten beim „Dolomitenhof" landet, die Kamera zückt und wieder zurückfährt, wird kaum das Besondere dieser Landschaft empfinden. In der Fülle der Eindrücke, die den Autofahrer in den Dolomiten bedrängen, wird dieses kurze Erlebnis völlig untergehen. Wer hingegen an einem schönen Sommermorgen in dieses Tal hineinwandert, nicht nach der Fahrstraße, sondern, gleich am Ortsausgang von Sexten abzweigend, über den Wiesenweg, der sanft durch die Lärchenwälder ansteigt, und erst die Rotwand, dann die Dreischusterspitze, den Elfer, den Einser, den Zwölfer auf sich zukommen läßt und sich ganz diesem heiter-schönen Spiel hingibt, bis ihn schließlich auf der Bühne des Fischleinbodens die Berge rundum vollends gefangennehmen, der erst erlebt dieses zauberhafte Tal richtig.

Doch dieser furchtbare Ansturm der Autofahrer auf das einsame Fischleintal bedeutete für die Sextner, insbesondere für den um diese kostbare Landschaft besorgten Bürgermeister Alarmstufe eins. Wenn man erlebt hat, wie im Sommer tagsüber Tausende und Abertausende von Autos über den Kreuzberg rollen (meist handelt es sich um Autofahrer, die möglichst rasch nach Venedig kommen wollen) spürt man, was diesem bekannten und berühmten Bergtal bevorstand. Viele dieser Autofahrer hatten den Namen Fischleintal, der sich leicht einprägt, schon irgendwo gehört oder gelesen. Und schon andere, die diesen Namen noch nicht kannten, sehen selbst bei rascher Durchfahrt, daß es da, ganz nahe, etwas Besonderes gab, eine Felsszenerie, die man gesehen haben mußte. Vielleicht hofften auch viele,

von dort die berühmten Drei Zinnen sehen zu können. Diese Leute wurden allerdings enttäuscht; denn weder von Sexten noch vom Fischleintal aus kann man die Drei Zinnen sehen und das ist gut so. Die Drei Zinnen muß man sich eben „verdienen". Aber was hat das zu sagen? Ein kurzer Abstecher in dieses Tal hinein! Man steigt auf das Gaspedal und ist in kaum zehn Minuten dort.
Der Zustand war erschreckend. Das Fischleintal gehörte dem Autofahrer, Bergsteiger und Wanderer mußten sehen, wie sie auf Umwegen in dieses Tal hineinkamen. Der einzigartige Talschluß aber wurde durch diese Invasion motorisierter Besucher völlig entstellt. Das was man Fischleinboden nannte, war nur mehr ein riesiger Parkplatz mit Motorenlärm, Gestank und allem, was dazugehört.
Doch da griff Bürgermeister Villgrater ein. Das Fischleintal wurde am „Dolomitenhof", also an der entscheidenden Stelle, abgeschrankt, die Zufahrt zum Talschluß verboten.
Jede Möglichkeit, sich an dieser Autoschranke vorbeizuschwindeln, wurde unterbunden. Für die Autofahrer, die beim „Dolomitenhof" halten müssen, wurde ein großzügig angelegter Parkplatz geschaffen. In der von der Dreischusterspitze herabziehenden mächtigen Schutthalde wurde ein riesiges Halbrund freigemacht und eingeebnet, ein Parkplatz, der selbst auf dem Höhepunkt des Fremdenverkehrs alle Autos, die über diese Straße hereinkommen, aufzunehmen vermag. Damit war das Fischleintal gerettet. Wer Lust hat, kann von diesem Parkplatz aus zum Talschluß wandern. Wem selbst dieser Fußweg, knapp eine Stunde, zuviel ist, muß sich mit dem, was er vom „Dolomitenhof" aus sieht, begnügen.

Und noch ein Weiteres ist geschehen. Die jungen Kletterer, die sich an die schwierigsten Aufgaben in diesem einzigartigen Berggebiet heranwagen, sind zumeist wirtschaftlich nicht so gut gestellt, daß sie sich den Aufenthalt in einem Hotel leisten können. Ihnen wollte man vor allem helfen, denn diese Idealisten waren es, die Sexten in aller Welt bekanntgemacht haben. So wurde von der Gemeinde der Bau einer Schutzhütte bewilligt, die, vom „Dolomitenhof" in einer knappen Stunde erreichbar, an jener Stelle steht, wo man vom Fischleintal aus zu den hochgelegenen Hütten ansteigt. Diese „Talschlußhütte", wie man sie in Sexten nennt, gibt dem Kletterer nicht bloß ein bescheidenes Quartier, sie erspart ihm auch, wenn er früh am Morgen möglichst rasch zum Einstieg kommen will, einen weiten Anmarschweg.
Seither gehört das Fischleintal den Wanderern und Bergsteigern. Wer mit dem Auto angefahren kommt, muß aussteigen und gleichfalls wandern, wenn er diese alpine „Fußgängerzone" erleben will.

Der „Dolomitenhof", auf den saftiggrünen Wiesen des Fischleinbodens erbaut, weckt die Erinnerung an den berühmten Sextner Bergführer Sepp Innerkofler. Auf der Drei-Zinnen-Hütte hat er sich in vielen Jahren das Geld verdient, um dieses Haus zu bauen. Sepp Innerkofler war nicht nur ein großartiger Mann im Fels und galt weithin als der erfahrenste Bergführer, er war auch kaufmännisch überaus tüchtig und wurde der Begründer des Fremdenverkehrs in Sexten. Hier an dieser Stelle beginnt der Fischleinboden, gewissermaßen an jenem „Zwangswechsel“, den jeder passieren muß, der in das Bacherntal zum Zwölfer oder in das Altensteintal zu den Drei Zinnen aufsteigen will. Im Dorf draußen errichtete Sepp Innerkofler eine stattliche Pension, das am Ortsausgang gelegene „Haus Bergsteiger“.

Doch nicht lange konnte sich Sepp Innerkofler über das, was er gebaut und geschaffen hatte, freuen. Pfingsten 1915 war Krieg, nicht irgendwo draußen an einer weitabgelegenen Front, vielmehr unmittelbar vor der Türe. Der „Dolomitenhof“ wurde, um es militärisch auszudrücken, Kompagniegefechtsstand. Das „Haus zum Bergsteiger“ mußte wegen seiner exponierten Lage geräumt werden. Sepp Innerkofler aber, der Nichtsoldat, wußte, was die Stunde von ihm verlangte. Er meldete sich sogleich zu den Standschützen und übernahm die schwierigste Aufgabe: er mußte mit den wenigen Männern, die ihm zur Verfügung standen, das bedrohte Tal verteidigen; denn nur zu gut wußte man in Sexten, daß jenseits des Kreuzbergs Bataillone und Regimenter der italienischen Armee standen.

Sepp Innerkofler hat diese Aufgabe mit seiner „fliegenden Patrouille“ voll und ganz erfüllt. Als er einmal von einem dieser verwegenen Patrouillegänge zurückkam — ehe auf die italienischen Feldwachen geschossen wurde, war es Brauch, für die, auf die man schießen mußte, zu beten! — sagte er so nebenbei „Wieder eine Erstbesteigung“; denn jedesmal mußte er, um die Italiener überraschen zu können, unbekannte und unerschlossene Routen suchen. Der Name Sepp Innerkofler ist durch Tirol und darüber hinaus durch ganz Deutschland gegangen. Jedem Tiroler, der sein Land liebt, ist dieser Name heilig. Wie sich das Geschehen des Tiroler Bauernkrieges im Jahre 1525 in der überragenden Gestalt Michael Gaismairs manifestiert hat, wie man, wenn man vom Freiheitskampf der Tiroler gegen die Armeen Napoleons im Jahre 1809 spricht, an Andreas Hofer denkt, so hat sich der Kampf, den Tirol im Sommer 1915, ganz auf sich allein gestellt, führen mußte, in Sepp Innerkofler eine Gestalt und ein Symbol geschaffen, das die Zeit überdauern wird. Man hat überlegt, den bei der Erstürmung des Paternkofels gefallenen Sextner Standschützen, dem Kaiser Franz Josef nach dessen Tod die höchste Tapferkeitsmedaille, die „Goldene“ verliehen hat, an der Seite Andreas Hofers in der Innsbrucker Hofkirche beizusetzen. Doch man ist von diesem Gedanken abgekommen, weil es für diesen Mann wohl keine schönere Grabstätte geben kann als jene auf dem idyllischen Friedhof von Sexten, den alljährlich viele Bergsteiger und Kriegskameraden besuchen.

Der älteste Sohn Sepp Innerkoflers, Gottfried, war damals kaum 18 Jahre alt und zu den Standschützen eingerückt. Der Vater nahm seinen Sohn, so schmal und schmächtig er auch noch war, doch tüchtig schon im Fels, auf seinen Patrouillegängen mit. Sepp Innerkofler hat ein genaues Tagebuch über die Unternehmungen seiner „Fliegenden Patrouille" geführt. Darin ist immer wieder der Name seines Sohnes Gottfried vermerkt, nicht ohne Stolz stellt der Vater fest, wie gut sich sein ältester Sohn bewährt hat. Doch als es um den Paternkofel ging, mußte Gottfried auf der Drei-Zinnen-Hütte zurückbleiben. „Es genügt, wenn die Mutter einen von uns beiden verliert", sagte er zu seinem Sohn, der Augenzeuge vom Tode seines Vaters geworden ist. Leider ist Gottfried Innerkofler, der das „Haus Bergsteiger" in Sexten übernommen hatte, früh gestorben. Doch sein Sohn Ernest hütet die Tradition der Sippe Innerkofler, verwahrt Medaillen, Tagebücher und alle Andenken an seinen Großvater. Der „Dolomitenhof", nach dem ersten Weltkrieg neu aufgebaut, wurde vom zweiten Sohn Sepp Innerkoflers, Josef, genannt Pepi, und seinen Söhnen übernommen.

Der Einser, unmittelbar über dem Ende des Fischleintals aufragend, bietet mit der berühmten Nordwand eine der großen Schauwände der Dolomiten. Über den hellen Fleck in der Mitte der Wand führt der „Weg der Jugend" (Hans Steger - Paula Wiesinger).

Eigenartig wie das Tal selbst ist auch der Name; denn „Fischleintal" hat absolut nichts mit „kleinen Fischen" zu tun. Noch im vorigen Jahrhundert sagte man zu dieser Gegend „im Fischelein", wobei die Betonung auf der letzten Silbe des Wortes liegt. Das klingt ähnlich wie manche ladinische Namen, z. B. Piccolein, obwohl es in Sexten niemals Ladiner gegeben hat. Auch wurde der Name früher nicht mit F, sondern mit V geschrieben. Um von der albernen Frage nach den „kleinen Fischen" loszukommen, würde es sich empfehlen, zur alten Schreibweise zurückzukehren, also „Vischleintal" zu schreiben.

So sehr die einzelnen Gipfel des Fischleintales einander gleichen, hat doch jeder Berg etwas durchaus Eigenes und auch sein eigenes Schicksal. Elfer und Einser stehen einander schroff gegenüber. Während der Elfer einen mühsamen Anmarsch erfordert und mit seinem wenig gegliederten Aufbau, den wuchtigen Flanken, den eiserfüllten Schluchten dem Kletterer wenig zu bieten hat und manchesmal nur der Vollständigkeit halber mitgenommen wird, stellt der Einser, der als gewaltiger Felspfeiler unmittelbar aus dem Fischleinboden aufsteigt, mit seinem festen, griffigen Fels, dem klaren Aufbau, den Kletterberg par excellence dar. Auch insofern ist der Einser für die Sextner Dolomiten typisch, als er neben jähen, über 800 Meter hohen Wandabstürzen, deren Bezwingung vom Kletterer höchstes Können verlangt, auch eine sanfte, relativ leicht zu ersteigende Seite, die Südwand, besitzt. So wuchtig nämlich der Einser, vom Fischleintal aus gesehen, wirkt, wenn man ihn von einer anderen Seite aus, etwa von der Zsigmondyhütte betrachtet, entdeckt man, daß der Einser eigentlich kein selbständiger Berg ist, sondern nur der äußerste, am weitesten gegen den Fischleinboden vorgeschobene Pfeiler der Obernbachernspitzen, die das Altensteintal vom Bacherntal trennen. Diese gut gegliederte Südwand kann ein geübter Kletterer leicht in einer Stunde durchsteigen. Zum Vergleich: Die Erstersteiger der Nordwand des Einser auf direktem Wege, also hart in der Fallinie, Hans Steger und Paula Wiesinger, brauchten, um den gleichen Gipfel zu erreichen, achtzehn Stunden.

Für einen so erfahrenen und instinktsicheren Mann wie Michel Innerkofler war es nicht schwer, am Einser die sanfte Seite herauszufinden. Über die Südwand erreichte er am 26. Juli 1879 den Gipfel. Damit war für ihn das Problem gelöst. Doch schon die nächste Generation empfand die Nordwand als Herausforderung, insbesondere Sepp Innerkofler, der keine unerstiegene Wand sehen konnte, ohne sich nicht mit ihr zu befassen. Doch in der Nordwand des Einsers hatte er wenig Glück. Aber auch die besten Männer aus Cortina, Dimai, Dibona und Rizzi, sowie viele Führerlose, Langl, Löschner, Fiechtl, Mariner und andere, haben sich in dieser Wand erprobt. Während Otto Langl zuerst mit Löschner vom Westen her durch die Nordwand zu kommen versuchte — die Nordostwand war bereits von Sepp Innerkofler und Dimai durchstiegen worden —, gelang es Dibona, die Schlüsselstelle zur direkten Durchsteigung von Norden her zu finden.

Die Zsigmondy-Comici-Hütte am Fuß des Zwölfers, von dem hier nur der Kleinste Zwölfer und die drei „Vicentinischen Damen" zu sehen sind. Durch das große Schuttkar, die „Zwölferschütt", führt der Weg schräg nach links in das Giralbajoch, 2431 m, und jenseits zur Carduccihütte hinab.

Der direkte Aufstieg aber, der die Dibonaroute im unteren Drittel verläßt und in einer geradezu idealen Linienführung unmittelbar zum Gipfel leitet, eine der längsten, wenngleich schwierigsten Kletterfahrten in den Dolomiten, gelang der Seilschaft Hans Steger - Paula Wiesinger. Der Münchner Tischlergeselle Hans Steger, der eigentlich nach Übersee auswandern wollte, aber wie so mancher andere in den Dolomiten hängen blieb, hatte in der quicklebendigen Boznerin Paula Wiesinger eine ebenbürtige Seilgefährtin gefunden. Den beiden gelang es, die Nordwand des Einsers unmittelbar in der Fallinie zu durchsteigen. Sie nannten diese Route „Weg der Jugend", vielleicht weil sie bald nach diesem ihrem schönsten Erfolg heirateten, also von ihrer Jugend Abschied nahmen und das Haus Delai auf der Seiser Alm erwarben.
Man kann die Geschichte der Einser-Nordwand vom Fischleinboden aus in allen Einzelheiten verfolgen und nacherleben. Wie man von der Drei-Zinnen-Hütte aus, allerdings auf größere Distanz, die Kletterer in den Nordwänden der Drei Zinnen beobachten kann oder vom Stripsenjoch aus die Kletterer auf dem Totenkirchl, von der Kleinen Scheidegg aus, freilich in größerem Maßstab, die Kletterer in der Eiger-Nordwand, kann man vom Fischleinboden aus als Zuschauer an der Durchkletterung der Nordwand des Einsers teilnehmen. Damit ist diese 800 Meter hohe Wand zu einer der bekanntesten „Schauwände" in den Dolomiten geworden.

Im Talschluß teilen sich die Wege, und man steht hier vor der Wahl, entweder links durch das Bacherntal zur Zsigmondyhütte aufzusteigen oder rechts durch das Altensteintal zur Drei-Zinnen-Hütte zu wandern. Obwohl die Drei-Zinnen-Hütte 200 Meter höher liegt als die Zsigmondyhütte, sind beide Wege ziemlich gleich lang — man rechnet mit zwei Stunden — weil der Weg zur Zsigmondyhütte steiler und mühsamer ist. Die Entscheidung fällt meist zugunsten des rechten Weges; denn die Drei Zinnen locken natürlich. Aber es ist richtig: Wer nicht den Zwölfer von der Zsigmondyhütte aus gesehen hat, kennt die Sextner Dolomiten nicht. Gewiß, die Drei Zinnen sind

RIFUGIO

in ihrer Art einmalig und bleiben für jeden, der nach Sexten kommt, das große Ziel. Es läßt sich aber auch beides, Zwölfer und Drei Zinnen, sehr gut miteinander verbinden, wohl der bekannteste und beliebteste Höhenweg in den Sextener Dolomiten: Man steigt vom Fischleinboden zur Zsigmondyhütte auf, nimmt also den unbequemeren Weg zuerst und wandert von dort über das Obernbachernjoch und das Büllelejoch, auf dem die neue Schutzhütte des leider viel zu früh verstorbenen Sextner Bergführers Max Innerkofler steht, zur Drei-Zinnen-Hütte hinüber, ein zwar etwas mühsamer, aber ungemein abwechslungsreicher, dabei völlig gefahrloser Weg, der den vom Kreuzbergpaß und der Bertihütte kommenden Alpiniweg in gleicher Richtung bis zum Zinnenplateau fortsetzt. Von dort steigt man durch das Altensteintal zum Fischleinboden ab, so daß sich Aufstieg und Abstieg nicht wiederholen. Es ist auch aus einem anderen Grunde empfehlenswert, mit dem Aufstieg zur Zsigmondyhütte zu beginnen: Nur wenn man zuerst zum Zwölfer kommt und dann erst zu den Drei Zinnen, erhält dieses Bergerlebnis die richtige Steigerung.
Freilich ist dafür ein ganzer Tag nötig; denn man wird, von Sexten aus gerechnet, acht bis neun Stunden unterwegs sein. Vor allem aber sei diese Bergwanderung jenen empfohlen, die sich in ihrem Urlaub nur für eine einzige große Tagestour frei machen können und dabei möglichst viel sehen und erleben wollen. Wer auf diesem Wege den Zwölfer und die Drei Zinnen erlebt hat, kann wirklich sagen, daß er in den Sextner Dolomiten gewesen ist.

Der Hochleist, 2410 m, aus dem Bacherntal aufgenommen, ist von Norden gesehen ein richtiger „Angeber“, von Süden ein lohnender, harmloser Spaziergang. Man steht im Mittelpunkt von Elfer, Hochbrunnerschneide, Zwölfer, Sandebühel, Oberbachernspitze und Einser.

Im Aufstieg zur Zsigmondyhütte gibt es etwas Köstliches. Aus den öden Schafweiden des oberen Bacherntales steigt, eigentlich an dieser Stelle ganz unpassend, ein kecker Felspfeiler auf, der Hochleist, der mit seinen jähen Wänden und dem verwegenen Gipfel wie eine Miniaturausgabe des Einsers aussieht. „Nicht zu bezwingen“ denkt man unwillkürlich und erlebt eine Stunde später die in den Dolomiten übliche Überraschung: Mit den Händen in den Hosentaschen kann man von der Zsigmondyhütte aus über den grasigen Rücken, von Süden her, auf diesen Gipfel hinaufbummeln.

Die Zsigmondyhütte hat ein bewegtes Schicksal. Die alte, österreichische Schutzhütte, die über dreißig Jahre lang ihre Aufgabe gut erfüllt hat, wurde im Kriege zerstört. Als der Kampf in den Bergen beendet war und die ersten Touristen wieder auftauchten, bastelte sich der Hüttenwirt, der unverwüstliche Hans Forcher, ein Sextner Bergführer und Kampfgefährte Sepp Innerkoflers, aus dem umherliegenden Kriegsmaterial die Hütte wieder notdürftig zusammen. Mehrere Jahre hindurch diente diese Hütte den Bergsteigern und Kletterern, die zum Zwölfer kamen, als willkommene Unterkunft. Dann baute der Club Alpino Italiano in der Nähe der alten Hütte ein neues, großes Berghaus, das die Bezeichnung „Rifugio Zsigmondy-Comici“ erhielt. Man hatte dem alten Namen Zsigmondy den Namen des genialen italienischen Alpinisten Comici hinzugefügt, in der Erwartung, daß die gemeinsame Liebe zu den Bergen die Alpinisten beider Nationen kameradschaftlich zusammen-

führen möge. Außerdem: sowohl Zsigmondy wie Comici hießen mit ihrem Vornamen Emil, also „Hütte der zwei Emil!“

Man tritt vor die Hütte und erschrickt, so nahe, so unvermittelt werfen sich die wuchtigen Wände des Zwölfers empor. Man muß den Kopf in den Nacken beugen, um den Gipfel zu sehen. Man glaubt, vor der Fassade eines Domes zu stehen, dessen Dimensionen alle menschlichen Maßstäbe ins Unwirkliche gesteigert haben. Während die Augen beglückt den empordrängenden Konturen folgen und den Gipfel suchen, entdeckt man, daß neben dem Gipfel des Zwölfers noch weitere Gipfel aufragen, diesem so ähnlich, als wären sie nach dem gleichen Modell geschaffen worden. Was bei den Drei Zinnen glückte, dreimal die gleiche Form in ungefähr gleicher Größe zu schaffen, ist hier gewissermaßen im Endstadium stecken geblieben. Es sind die gleichen Formen, aber keine von ihnen erreicht die Größe und Selbständigkeit des Hauptgipfels, der unverkennbar über dem ganzen System dominiert. So ahmt der „Mittlere Zwölfer“, der nur durch eine markante Scharte vom Hauptgipfel getrennt ist, diesen in allen Einzelheiten des Aufbaues und der Gliederung getreulich nach, ist aber um siebzig Meter niedriger.
Etwas rechts davon baut sich, wieder um siebzig Meter niedriger, der „Südliche Zwölfer“ auf, der in Form und Gestalt ebenso die gleiche Herkunft verrät. Links vom Hauptgipfel und etwas deutlicher von diesem abgesetzt, schließen sich die kleineren Gipfel als die weiteren Geschwister der Zwölferfamilie an, der „Kleine Zwölfer“, nach dem Erstbesteiger auch Draschturm genannt, wieder eine perfekte Imitation des Großen Zwölfers, und als letztes Glied der „Kleinste Zwölfer“, der nach dem Erstbegeher, dem bekannten Alpinisten Wolf von Glanvell, Glanvellturm genannt wird. Das gleiche Spiel wiederholt sich auch an anderen Stellen noch. So erheben sich z. B. zwischen Kleinem und Kleinstem Zwölfer, um das Spiel im kleinen fortzusetzen, wieder drei kühne Felsnadeln, die man die „Vicentinischen Damen“ nennt. Die Auswahl an Gipfeln ist also nahezu unbegrenzt, ohne daß damit der gewaltige Eindruck des Zwölfers selbst beeinträchtigt würde.

Doch damit ist noch nicht alles über den Zwölfer gesagt. Das Sonderbarste an diesem Berg ist nämlich, daß es zwei völlig verschiedene Ansichten gibt. Was bisher beschrieben wurde, ist der Sextner Zwölfer. Der gleiche Berg aber, den man im Italienischen Croda dei Toni nennt, bildet nach Süden zu einen langen, wenig gegliederten, ja im Vergleich mit dem Bild der Nordabstürze geradezu plump wirkenden Grat, der nach Osten wie nach Westen zu breite, von einzelnen Rinnen und Schluchten durchzogene Wände und Kare bildet. Schon mancher, der den Zwölfer genau zu kennen glaubte, hat eine Wette verloren, weil er sich nicht überzeugen lassen wollte, daß jener langgestreckte, plattige Felsrücken, den man beispielsweise vom Paternkofel aus im Osten sehen kann, der Zwölfer wäre.
Klar, daß Michel Innerkofler, dem der Zwölfer ganz besonders in die Augen stach, diesen Berg nicht von der abweisenden Sextner Seite aus anging, son-

Mit Ausnahme des Neuners ist hier die ganze Sextener Sonnenuhr sichtbar: Links der Zehner, wie die Sextener Rotwand auch genannt wird, gefolgt vom Elfer und dem markanten Zwölfer. Zwischen diesem und dem Einser der unbedeutende Schuttrücken des Sandebühels. Im Tal die Häuser von Moos, nach rechts zieht das Fischleintal zum Talschluß unter dem Einser.

dern über die damalige Grenze hinüberpirschte und in die italienische Westwand einstieg. Die von ihm erschlossene Aufstiegsroute, etwas schwieriger als der Normalweg auf die Große Zinne, mitunter durch Steinschlag gefährdet, wird im wesentlichen auch heute noch eingehalten, wobei man allerdings der steilen Eisrinne, die Michel Innerkofler zum Aufstieg benützt hatte, im Fels ausweicht.

Dem Kletterer aber bietet der Zwölfer mit seinen zahlreichen Türmen und Pfeilern, die ihn begleiten, unbegrenzte Möglichkeiten genußvoller Betätigung. Während die Anstiege von Norden her höchstes Können erfordern, gibt es von Osten und Westen her Kletterfahrten, die auch dem weniger Geübten möglich sind. Durch die vielgestaltige Gliederung des Zwölfermassives lassen sich bei günstigen Wetterverhältnissen einzelne Routen miteinander kombinieren. Eine besonders reizvolle Kletterfahrt, die freilich nur den Besten vorbehalten bleibt, ist die Überquerung aller Zwölfergipfel, vom Kleinsten Zwölfer im Osten bis zum Mittleren und Südlichen Zwölfer im Westen.

Große Probleme gibt es hier allerdings nicht mehr zu lösen, seit im Jahre 1932 die berühmte Nordkante des Zwölfers durchstiegen worden ist, die schwierigste Kletterei, die es im Gebiet des Zwölfers gibt. Ähnlich wie die direkte Durchsteigung der Einser-Nordwand rief auch die Zwölfer-Nordkante die besten Kletterer auf den Plan. Schon erschienen Hans Steger und Paula Wiesinger auf der Zsigmondyhütte. Jeder wußte, was das zu bedeuten hatte. Doch zwei junge Sextner Bergführer, Franz und Toni Schranzhofer, kamen den beiden zuvor, bezwangen den langen Kamin, der diese Wand durchzieht und stiegen zu der Nordkante aus, die unmittelbar in der Falllinie zum Gipfel führt. Was diese Kletterei so schwierig macht, ist der Umstand, daß sich die schwierigsten Stellen erst knapp unter dem Gipfel befinden. In äußerster Ausgesetztheit muß der Kletterer an dieser Kante eine mauerglatte vierzig Meter hohe Wand bezwingen, die ihm keinen Standplatz bietet. Knapp nach den beiden Sextner Bergführern erreichten Hans Steger und Paula Wiesinger auf gleichem Wege den Gipfel.

Nicht zu vergessen: Abseits dieses vielgestaltigen Klettergebietes gibt es noch ein zweites, kleineres, man möchte sagen, intimeres Gebiet für den Felskletterer, ein Gebiet abseits des üblichen Touristenbetriebes, wo die Kletterer meist ganz unter sich bleiben: die Carduccihütte. Man kann sie von der Zsigmondyhütte aus auf dem bequemen Steig über das Giralbajoch leicht in einer Stunde erreichen. Diese von Sexten aus bewirtschaftete, vor einiger Zeit gut ausgebaute Schutzhütte liegt unweit eines entzückenden kleinen Bergsees inmitten von einem romantischen Felszirkus, in dem der Kletterer alles findet, was sein Herz begehrt. Er kann die Auswahl ganz nach Neigung und Wetter treffen. Von der Carduccihütte aus kann man auf verschiedenen Routen den Zwölfer über die Ostwand besteigen. Schöne, interessante Klettereien gibt es am Monte Giralba und Monte Gabriella sowie bei der Punta Maria oder dem Carducciturm. Hier gibt es keine „Schau-

Die kleine, gemütliche Carduccihütte knapp südlich unter dem Giralbajoch, inmitten einer romantischen Felsenwildnis, ist Treffpunkt aller „Zünftigen". Über das waagrechte, teilweise schmale und abschüssige Schotterband, die Cengia Gabriella, führt der gleichnamige Klettersteig.

wände", überall ist der Kletterer allein, ohne Zuschauer, ohne Publikum, ohne Sensation. So ist das kleine, aber trauliche Rifugio Carducci zum Treffpunkt aller Zünftigen geworden. Für Bergsteiger, die weniger schwierige Routen suchen, wurde eine „Ferrata" angelegt, ein gesicherter Kletterweg, der von der Carduccihütte zum Bivacco Cadore und von dort zum Kreuzbergpaß führt.
Außerdem hat man an einem Weg „rings um den Zwölfer", nämlich über die Maria- und Agnelloscharte zum Sandebühel, von dem aus man dann zur Zsigmondyhütte absteigt, gedacht. Dieser ungemein abwechslungsreiche und interessante Weg ist etwas weniger ausgesetzt und auch weniger schwierig als der Alpiniweg, erschließt dem Bergsteiger aber eine bisher kaum begangene Dolomitenlandschaft.
Kaum zu glauben: auch in der Nähe des Zwölfers gibt es einen Dreitausender, den auch der Mindergeübte ersteigen kann, die Hochbrunner Schneide. Sie ist 3061 Meter hoch, also nur wenig niedriger als der Zwölfer. Man besteigt sie von der Zsigmondy- oder Carduccihütte aus über das Innere Loch. Die Orientierung ist nicht sehr schwierig. Immerhin gibt es einige Stellen, an denen man in den Fels greifen muß. Der breite Gipfelrücken läßt sich in drei Stunden bequem erreichen. Man hat die Hochbrunner Schneide das „Belvedere der Dolomiten" genannt; mit vollem Recht, denn die Aussicht ist einzigartig und umfaßt das ganze Gebiet der Sextner Dolomiten, nicht „von außen her", wie der Ausblick vom Helm oder vom Hochebenkofel, sondern gewissermaßen „von innen her", das soll heißen, man steht auf der Hochbrunner Schneide inmitten der berühmten Gipfel, hat den Elfer, den Zwölfer zum Greifen nahe und vergißt angesichts dieses großartigen Rundblickes, wie leicht man auf diesen Dreitausender heraufgekommen ist.

Das Reich des Zwölfers ist eine Welt für sich, beginnend mit dem Juwel des Sextner Landes, dem Fischleintal und den kühnen Gipfeln der Sextner Sonnenuhr, gekrönt von dem stolzen Dom des Zwölfers. Stünden nicht in unmittelbarer Nähe die Drei Zinnen, die naturgemäß allen Glanz auf sich vereinen und ein Weltpublikum mobil gemacht haben, — der Zwölfer wäre vielleicht der schönste Berg der Dolomiten.

Die beiden Bergwanderer haben den Aufstieg zur Zsigmondy-Comici-Hütte bald geschafft. Hinter dem Latschenbuckel geht es rechts zur Hütte hinauf. Hier zeigt der Zwölfer seine eleganteste Seite: Links der kleinste Zwölfer mit den Felszacken der „Vicentinischen Damen", als zweiter folgt der Kleine Zwölfer, den Mittelpunkt bildet der Hohe Zwölfer, 3094 m, an den sich der Westliche Vorgipfel lehnt.

Sechster Tag: Altensteintal und Paternkofel

Wo das Fischleintal endet, steht der beliebte Wegweiser, bei dem man immer wieder unentschlossene Touristen findet, die eifrig Landkarten und Führer studieren; denn an dieser Stelle fragt es sich: Bacherntal mit Zsigmondyhütte und Zwölfer oder Altensteintal mit Zinnenhütte, Paternkofel und Drei Zinnen. Das Bacherntal links sieht wenig einladend aus. Es ist kein Tal, sondern eine wilde Schlucht, die sich allmählich zwischen abweisend steilen Felswänden verliert. Wer zur Zsigmondyhütte gelangen will, muß den schmalen Steig nehmen, der sich über steile Felsbänder und Terrassen bis zur Hütte hinaufschraubt. Auch das Altensteintal ist kein Tal im eigentlichen Sinne, keinesfalls vergleichbar mit dem Innerfeldtal oder gar mit dem grünen Wiesenplan des Fischleinbodens, über den man gemächlich, den Blick den Gipfeln zugewandt, dahinbummeln kann. Beim Altensteintal handelt es sich um eine steile, in vielen Stufen ansteigende Talfurche, die den Einser und die anschließenden Bergkämme von der Altensteinspitze und den Ausläufern der Dreischustergruppe trennt. Also kein Bummel, auch kein gemächliches Wandern, sondern ein Aufstieg, der drei Stunden Mühe und Ausdauer verlangt. Erst höher oben wird das Tal freundlicher und bildet mit den anmutigen Bödenseen und dem darüber aufragenden Paternkofel eine Art „Talschluß en miniature“. Aber der Paternkofel zeigt von dieser Seite nur seine abweisende Ostwand. Erst wenn man diesem Berg näher kommt, entfaltet er sich zu einem kühnen, imposanten Felspfeiler, der kaum irgendwo seinesgleichen hat.

Das Großbild auf den beiden nächsten Seiten zeigt den Paternkofel, 2746 m, mit seinen nach Osten (Bödenknoten) und Süden (Paßportenkopf) verlaufenden Graten. Zusammen mit dem Großbild zwischen den Textseiten 99 und 102 ein Panorama Paternkofel - Drei Zinnen, vom Toblinger Knoten oberhalb der Zinnenhütte.

Es lohnt sich durchaus, wenn der Urlauber, der sich eine Woche für das Sextner Bergland frei gemacht hat, einen Tag diesem Berg widmet und die Ungeduld, endlich zu den Drei Zinnen zu kommen, mäßigt; denn der Paternkofel ist der Schicksalsberg Sextens und zwar in mehrfacher Hinsicht. Wie die Rotwand als wuchtige Bastei den Zugang zum Sextnertal sperrte, war der Paternkofel die entscheidende Position, um sich auf dem Zinnenplateau behaupten zu können. Es ergab sich ein heikles Problem, als der Paternkofel im Sommer 1915 tatsächlich in die Hände der Italiener fiel. Dabei fand Sepp Innerkofler den Tod. So wurde der Paternkofel auch in höherem Sinne der Schicksalsberg Sextens, ja, man könnte sagen, dieser kühn aufragende Felspfeiler ist in gewissem Sinne als Ganzes zum Denkmal für Sepp Innerkofler geworden; denn nirgends in den Dolomiten wird dem Besucher der Krieg so gegenwärtig wie hier. Längst sind die Standschützen, die Kaiserjäger herüben, die Alpini, die Bersaglieri, drüben, abgezogen. Aber was sie in dieser Felsenwildnis geschaffen haben, hat die Zeiten überdauert.

Alpin gesehen, ist der Paternkofel ein geradezu idealer Kletterberg, weil jeder, der hier an den Fels geht, jene Route finden kann, die seinem alpinen Können entspricht, vom sogenannten Normalweg über die Gamsscharte, der nur Schwindelfreiheit und Trittsicherheit erfordert, bis zu schwierigen, ausgesetzten Routen, die den Extremkletterern vorbehalten sind. Und das Besondere dabei: Jede Route läßt sich leicht überschauen, ist kurz und führt in festem, sicheren Fels zum Gipfel, den man gewiß nicht, wie auf der Dreischusterspitze, erst unter mehreren steil aufragenden Türmen heraussuchen muß.

Daß der Paternkofel bei Bergsteigern doch nicht jene Beachtung findet, die er verdient, hängt damit zusammen, daß in unmittelbarer Nähe die Drei Zinnen stehen, die alles an sich ziehen. Um mehr zu gelten, hat es der Paternkofel noch schwerer als der Zwölfer; denn der Zwölfer bleibt immerhin allein, steht also nicht direkt im Gesichtsfeld der Drei Zinnen. Es gibt in den Sextner Dolomiten nur eine Stelle, von der aus man den Zwölfer und zugleich die Drei Zinnen sehen und vergleichen könnte: den Gipfel der Hochbrunner Schneide. Freilich, wer von den Bergen des Ampezzo herüberschaut, kann beide sehen, Zwölfer und Drei Zinnen, doch zeigt der Zwölfer, von dort gesehen, seine breite, wenig imponierende Seite. Der Paternkofel aber kommt immer wieder zugleich mit den Drei Zinnen ins Bild und es ist völlig klar, daß er bei diesem Vergleich immer unterschätzt wird. Stünde der Paternkofel nicht in der Nachbarschaft der Drei Zinnen, sondern irgendwo im Karnischen Kamm oder in den Nördlichen Kalkalpen, etwa im Steinernen Meer, der Paternkofel würde zum Wallfahrtsziel unzähliger Bergfreunde und als einer der schönsten Gipfel der Alpen gepriesen werden.

Und doch hat der Paternkofel etwas, das ihn von anderen Bergen unterscheidet. Zusammen mit dem kleinen Lagazuoi ist er der einzige Berg in den Alpen, den man, so paradox es klingen mag, von innen besteigen kann, genauer gesagt, ein Berg, an dem man nicht nur außen herumklettert, sondern den man durch ein Portal betritt, um im Inneren des Berges durch steile

↑ Zwölfer
(Westteil)

↑ G

tze

↑ Paternkofel
2746 m

↑ Paßportenkopf
2704 m

Gänge und Kavernen in die Höhe zu steigen und schließlich hoch oben an das Tageslicht zu treten und zum nahen Gipfel aufzusteigen. Gewiß eine Sensation, mehr noch für jeden Bergsteiger ein ungewöhnliches und einzigartiges Erlebnis.

Ausgangspunkt für alle alpinen Unternehmungen in diesem Gebiet ist die auf dem Toblinger Riedel gelegene Drei-Zinnen-Hütte. Von der alten Schutzhütte, die Sepp Innerkofler bewirtschaftet hat, ist nichts mehr zu sehen. Sie wurde im Kriege völlig zerstört. Erst im Jahre 1936 wurde vom Club Alpino das heute bestehende große Schutzhaus erbaut und nach dem im Abessinienfeldzug gefallenen Fliegermajor Antonio Locatelli, einem der erfolgreichsten italienischen Alpinisten, der über zweitausend Gipfel erstiegen und den seltenen Grad des „Academico del Club alpino italiano“ erreicht hatte, Rifugio Antonio Locatelli benannt. In dieser Hütte trifft sich alles, was zu den Drei Zinnen kommt, vom einfachen Bergwanderer, der schon stolz darauf ist, den Weg durch das Altensteintal bewältigt zu haben, bis zu dem extremen Felskletterer, dessen Name in der Hütte nur geflüstert wird und von dem nur der Hüttenwirt, der hellwache, unverwüstliche Pepi Reider, ein Großenkel des Dolomitenkönigs, weiß, daß dieser morgen früh in die „Direttissima“ einsteigen wird.

In der Nähe der Hütte befindet sich eine dem Hl. Bernardus, als dem Schutzpatron der Bergsteiger und Skifahrer, gewidmete Kapelle. Eine Gedenktafel erinnert an den Südtiroler Toni Egger, den ehemaligen Leiter der Hochgebirgsschule Tirol, wohl einen der kühnsten und erfolgreichsten Kletterer seiner Zeit, der bei der Erstersteigung des Cerro Torre in Patagonien den Tod gefunden hat. —

Sechzehn Jahre lang hat Sepp Innerkofler als Hüttenwart und Bergführer hier gearbeitet und gelebt. Er kannte jeden Stein, jede Route war ihm vertraut. Der Paternkofel, der ihm unmittelbar vor der Türe stand, wurde für ihn der Hausberg, auf dem er Griff für Griff, Tritt für Tritt, sozusagen „daheim“ war.

Die Grenze zwischen der österreichisch-ungarischen Monarchie und Italien lief seit Jahrhunderten über die Drei Zinnen und den Paternsattel zum Zwölfer hinüber. Diese Grenze, die ja auch eine Grenze zwischen Tirolern und Italienern, also eine Volkstumsgrenze war, konnte man gelten lassen, es sei denn, daß Sepp Innerkofler als leidenschaftlicher Jäger heimlich über diese Grenze pirschte, um sich im fremden Revier eine „wälsche Gams“ zu holen. Aber nun war Krieg. Nicht mehr die Grenze galt, sondern die Front. Klar, daß die Drei Zinnen nicht verteidigt werden konnten, weder von den einen noch von den anderen. Als Berge besonderer Art, die abseits des Üblichen standen, blieben sie außerhalb des Krieges. Der Kampf ging vielmehr um das Zinnenplateau. Wer auf diesem Plateau stand, konnte von hier aus alles Weitere bestimmen. Wenn die Italiener das Zinnenplateau eroberten, wurde es ihnen möglich, von oben her in die einzelnen Täler, die von dieser Hochfläche abzweigten, vorzustoßen. Dann konnten sie das Pustertal erreichen und standen so mitten in Tirol.

Dies waren die Gedanken, die Sepp Innerkofler, den „Nichtsoldaten", bewegten. Aber als einer, der sein Land liebte, als glühender Patriot, ging es ihm darum, diesen Raum, der für ihn Heimat geworden war, unter allen Umständen zu halten. Dafür aber war es notwendig, den Paternkofel zu besetzen, von dem aus man das ganze Plateau einsehen und unter Feuer nehmen konnte.
Mit aller Beredsamkeit versuchte Sepp Innerkofler, dies dem militärischen Kommando, dem die Verteidigung dieser Stellung oblag, klar zu machen. Aber niemand verstand ihn. Gewiß, man hatte damals noch wenig Erfahrung, wie ein Krieg im Hochgebirge zu führen war. Man konnte sich nicht vorstellen, daß man von diesen ausgesetzten Gipfeln aus zum Kampfe antrat. Es genüge doch völlig, so dachte man, wenn man das Zinnenplateau besetzt hielt. Doch wenige Tage später, als Italien tatsächlich den Krieg erklärt hatte, bewies Innerkofler den verantwortlichen Männern, daß man den Krieg von den Gipfeln aus führen mußte, ja, daß der Kampf um die Gipfel entscheidend blieb. Doch der Paternkofel blieb unbesetzt.
Sepp Innerkofler erklärte den Offizieren der Landesverteidigung, daß es der Paternkofel den Italienern leicht mache, den Gipfel zu besetzen und dort eine Stellung aufzubauen, denn von Süden her war dieser Berg bequem zu erreichen, während nach Norden zu, also auf der „österreichischen Seite" steile, abweisende Wände und Grate zu bewältigen waren. Außerdem war die Südflanke gewiß schon schneefrei, während in den Schluchten und Rissen der Nordseite noch Schnee und Eis zu sehen war.
Eine kurze Episode dazwischen, die für die ritterliche Art, in der dieser Kampf von beiden Seiten geführt wurde, typisch ist. Es handelte sich um den Alpinikorporal De Lucca aus Pieve di Cadore, diesen ausgezeichneten Bergführer, dessen Schicksal auf eigenartige Weise mit dem Schicksal Sepp Innerkoflers verbunden ist. Wenige Tage vorher hatte nämlich De Lucca den Befehl erhalten, Stellungen in den Wänden der Großen Zinne zu erkunden. Dabei hatte er sich verstiegen, und es gab niemanden, der ihm helfen und ihn retten konnte. Da sandte der italienische Stellungskommandant auf dem Paternsattel zwei Parlamentäre zum österreichischen Abschnittskommando und bat, man möge Sepp Innerkofler herüberschicken, denn nur er, der dieses Gebiet besser kannte als jeder andere, könne De Lucca retten. Die beiden Parlamentäre wurden als Geiseln festgehalten. Sepp Innerkofler ging allein zu den Italienern hinüber und es gelang ihm tatsächlich, den schon völlig erschöpften De Lucca aus den Wänden der Großen Zinne zu bergen.

Bald danach geschah, was Sepp Innerkofler seit jeder befürchtet hatte: Die österreichischen Stellungen auf dem Zinnenplateau wurden vom Gipfel des Paternkofels herab beschossen. Das bedeutete, daß diese in Sicht des Feindes gelegenen Stellungen geräumt werden mußten, es sei denn, daß es gelang, den Paternkofel zurückzuerobern; ein Unternehmen, das, wie alle erkannten, von Anfang an höchst fragwürdig war: Über die noch immer vereiste Nordwand einen Gipfel zu stürmen, auf dem sich der Gegner bereits

Vom Paternkofel-Aufstieg zeigt sich die charakteristische schräge Gipfelfläche des Hochebenkofels, 2905 m, (links) besonders deutlich. Rechts der zerrisse-Gipfel des Haunold, 2943 m, vor ihm der Toblinger Knoten, 2617 m, im Gebirgskrieg 1915/17 Hauptstützpunkt der österreichischen Front auf dem Zinnenplateau. Der Sextener Stein, 2538 m, über der Zinnenhütte, war damals im Besitz der italienischen Truppen.

zur Verteidigung eingerichtet hatte, war offener Wahnsinn. Doch wenn die Stellungen auf dem Zinnenplateau gehalten werden mußten, gab es keinen anderen Ausweg.

Obwohl Sepp Innerkofler am Gelingen dieses Unternehmens zweifelte, trat er doch am Morgen des 4. Juli 1915 zum Angriff an. Mit ihm gingen die Sextner Bergführer Forcher, Piller und Rogger und die Landesschützen Rapp und Teubon. Sein ältester Sohn Gottfried mußte zurückbleiben.

Von den Sextner Bergführern, die mit Innerkofler aufstiegen, lebt noch der alte Benitius Rogger. Er erzählt, wie sich die Patrouille mühsam vier Stunden lang über den vereisten Nordwestgrat emporarbeitete, wie Innerkofler zum Gipfel ausstieg und Handgranaten hinter die Verschanzung warf, die jedoch versagten, und wie er dann getroffen über die Wand abstürzte und etwa vierzig Meter tiefer im Oppelkamin liegen blieb. Da auch Forcher durch einen Schuß verwundet wurde, war es unmöglich, weiter vorzudringen, ein Glück, daß die Patrouille noch heil aus den Felsen kam und den verletzten Forcher bergen konnte.

Ähnlich berichtete der zweiundachtzigjährige De Lucca, als man ihn anläßlich einer Feier für Sepp Innerkofler über dieses Geschehen befragte. De Lucca war zur Verteidigung des Paternkofels eingesetzt worden, als erfahrener und bewährter Bergführer eine besondere Aufgabe für ihn. De Lucca erzählt, wie er am Morgen des 4. Juli 1915 auf dem Paternkofel plötzlich einen Mann vom Nordwestgrat zum Gipfel aufsteigen sieht. Da er im Moment keine Waffe zur Hand hat, greift er instinktiv nach einem Steinblock und schleudert ihn dem tiefer stehenden Angreifer entgegen, der, am Kopfe getroffen, lautlos hintüber sinkt. De Lucca ahnte, wen er da getroffen hatte. Er war es auch, der die Leiche Sepp Innerkoflers barg. Auf dem Gipfel des Berges, der ihm zum Schicksal geworden war, schufen ihm die Alpini ein würdiges Grab. Nach dem Kriege wurde Sepp Innerkofler auf dem Friedhof in Sexten beigesetzt. Auf dem Gipfel des Paternkofels erinnert eine schlichte Gedenktafel an Sepp Innerkofler, der nicht nur für die Tiroler zum Symbol der Verteidigung ihrer Heimat geworden ist, sondern auch bei den Italienern in hohem Ansehen steht.

Später ist sehr viel an diesem letzten Patrouillengang Sepp Innerkoflers herumgerätselt worden. Doch in solchen Fällen empfiehlt es sich, nur die Aussagen jener gelten zu lassen, die wie Benitius Rogger und De Lucca unmittelbar an diesem Geschehen Anteil genommen hatten. Ihre Aussagen decken sich auch mit dem Bericht, den der junge Gottfried Innerkofler, der den Aufstieg der Patrouille von der Zinnenhütte aus mit dem Glas beobachtete, erstattet hat.

Damit hatten die Italiener den Paternkofel fest in ihrer Hand. Nun ging es um das Zinnenplateau. Um ungedeckt an die österreichischen Stellungen heranzukommen, trieben die Italiener, seit jeher Meister im Fels, einen viele hundert Meter langen Stollen quer durch den Berg. Damit konnten sie, ohne eingesehen zu werden, von der geschützten Südseite des Paternkofel bis in jenen Raum gelangen, auf dem die zerschossene Zinnenhütte stand. Von dieser Stellung aus gelang es ihnen, den nördlich davon aufragenden Sextner Stein zu besetzen. Die Österreicher aber gaben das Plateau nicht verloren. Es ging um jeden Felszacken, um jeden Stein. Der Toblinger Knoten, der dem Sextner Stein gegenüber liegt, wurde zu einer uneinnehmbaren Festung ausgebaut. Zwischen diesen beiden natürlichen Felsbastionen erstarrte die Front, bis der Friede wieder in die Berge einkehrte. Der zweite Weltkrieg hat dieses Gebiet glücklicherweise nicht berührt.

Früh übt sich, wer ein Meister werden will! Am „Frankfurter Würstl" oberhalb der Zinnenhütte bringt ein Sextener Bergführer nicht einem „Herrn", sondern seinem eigenen Sprößling das Abseilen bei.

Immer wieder trifft man in den Bergen, auf denen im ersten Weltkrieg gekämpft worden ist, Menschen, sehr oft auch junge Leute, die versuchen, sich an Ort und Stelle ein Bild jener Kämpfe zu machen. Es ist ja das Eigenartige des Gebirgskrieges, daß hier, zum Unterschied von dem, was an anderen Fronten geschehen ist, fast alles, was im Fels angelegt wurde, erhalten geblieben ist; Gräben, Schanzen, Postenstände, Stollen, Kavernen, Unterkünfte. So hat man vorgeschlagen, einen bestimmten, genau umgrenzten Abschnitt der ehemaligen Alpenfront so wieder herzustellen, wie er in der letzten Phase des Kriegsgeschehens ausgesehen hat, also die Stellungen auf beiden Seiten wieder in Stand zu setzen, eine Aktion, die an sich nicht viel Aufwand erfordern würde.

Dafür erscheint der Paternkofel in den Sextner Dolomiten mit dem anschließenden Toblinger Riedel und Sextnerstein besonders geeignet, weil hier auf beiden Seiten vieles von den alten Felsstellungen erhalten geblieben ist, mehr als anderswo. Gewiß nicht, um diesen Krieg zu verherrlichen! Im Gegenteil! Man kann heute kaum mehr verstehen, weshalb sich auf diesen äußerst exponierten Felsbastionen Menschen gegenüberstanden, gegeneinander gekämpft haben, weshalb Zehntausende gefallen sind. Mehr als alle Kriegsdenkmäler und Erinnerungszeichen wird dieses Modell des Gebirgskrieges dazu beitragen, den Krieg in den Bergen in erschreckender Deutlichkeit darzustellen und über das lokale Interesse hinaus mitzuhelfen, daß der Friede in den Bergen in aller Zukunft gewahrt bleibt.

Sechzig Jahre sind darüber vergangen. Die Stollen und Kavernen sind eingestürzt, verschüttet, die Unterstände verfallen. Das ließ dem Sextner Bergführer Pepi Reider, der die Drei-Zinnen-Hütte bewirtschaftet, keine Ruhe. Unermüdlich setzte er sich dafür ein, den Paternkofel wieder „von innen" zugänglich zu machen, genauer gesagt in jenen Zustand zu versetzen, in dem er sich bei Ende des Krieges befunden hat. Pepi Reider, unermüdlich und energisch wie immer, fand in den Männern der Sextner Bergrettung willkommene Helfer. Gemeinsam mit Alpini, Soldaten wie Offizieren, und unterstützt von der zuständigen Sektion des „Club Alpino Italiano" in Padua, wurde diese Arbeit erfolgreich zu Ende geführt.

Und nun zum Gipfel empor! Doch zuvor noch ein origineller alpiner Test! Wer nicht sicher weiß, was er sich im Fels zumuten kann, findet in unmittelbarer Nähe der Hütte einen ausgezeichneten „Probierfelsen" (so genannt, weil die Bergführer dort ihre Herren „ausprobieren"). Dieser herausfordernd

kecke Felsturm, der immerhin einiges Können verlangt, wird das „Frankfurter Würstl“ genannt. Jeder der diesen Testfelsen bezwungen hat, wird auch, die nötige Ausdauer vorausgesetzt, keine Mühe haben, den Paternkofel und vielleicht noch Schwierigeres zu erreichen.

Wer also von der Drei-Zinnen-Hütte zur Gamsscharte aufsteigen will, steht vor einer seltsamen Wahl; er kann den Aufstieg entweder auf dem Berg oder im Berg beginnen, eine für jeden Bergsteiger gewiß ungewöhnliche, ja geradezu paradoxe Entscheidung. „Den Paternkofel von innen“ warum nicht?

Ein schmaler Felssteig führt unmittelbar zum Berg. Ein finsterer Stollen tut sich auf. Über steile Stufen steigt man empor. Gut, daß von vorne Licht einfällt. Hier ist ein Fenster im Fels ausgeschlagen worden. Wie im Rahmen eines Bildes stehen drüben die Drei Zinnen. Unwiderstehlich greift man zur Kamera, um dieses einzigartige Bild festzuhalten. Wieder wendet man sich dem Stollen zu, tappt im Dämmerlicht Stufe um Stufe höher, bis man von vorne wieder durch Helles geführt wird. Diesesmal steht der Zwölfer, diese herrliche Berggestalt, in jener Öffnung, die früher einmal vielleicht einem kleinen Gebirgsgeschütz als Ausschuß gedient hat. Nochmals geht es in den Berg, höher und höher. Jedesmal wieder hilft uns ein Fenster weiter. Unvergeßlich das Fenster mit der vielgezackten Dreischusterspitze! So erlebt man aus dem Inneren des Berges heraus das ganze einzigartige Panorama der Sextner Dolomiten. In halber Höhe zum Gipfel beginnt der Hauptstollen, 600 Meter lang, steil und eisig, der freilich ohne Fenster ist, also nur mit Licht, etwa mit einer Taschenlampe betreten werden kann. Etwas unterhalb der Gamsscharte erreicht man das Freie, den flachen, leicht zu ersteigenden Südhang des Berges. Durch fixe Stahlseile gesichert, kann man von dieser Stelle aus unschwer zum Gipfel des Paternkofels aufsteigen. Dieser Wechsel aus dem Innern des Berges zum normalen Anstieg außen, aus dem Blick ins Enge, unmittelbar in die Weite blickend, macht den besonderen Reiz dieser Ersteigung aus.

Früher als gedacht hat man den breiten, geräumigen Gipfel erreicht; denn beim Ausstieg durch den finsteren Stollen hat man nicht nur das Gefühl für die Höhe, auch das für die Zeit verloren. Noch etwas benommen von diesem Hell-Dunkel-Hell-Aufstieg, versucht man sich in dieser Unermeßlichkeit zurechtzufinden. Da der Paternkofel völlig isoliert steht und nichts den Ausblick behindert, kann man von diesem Gipfel aus wie von einer künstlich geschaffenen Aussichtswarte in Ruhe das ganze Panorama genießen. Es ist einfach alles da, was zu den Sextner Dolomiten gehört. So läßt man die Augen genüßlich von Ost nach Nord, von Nord über die Berge des Ampezzo im Westen zu den romantischen Cadinspitzen im Süden wandern, um sie mit dem Zwölfer und seinen Nachbarn im Osten wieder abzuschließen. Doch am eindrucksvollsten ist naturgemäß der Blick auf die Drei Zinnen. So nahe ist man ihnen, auf Du und Du möchte man sagen, ja man ist versucht, den Paternkofel, der mit seinen 2746 Metern nur um etwa 100 Meter niedriger ist als die Kleine Zinne und von ihr nur durch den schmalen Paternsattel ge-

trennt, so daß man die Zurufe der Kletterer hören kann, die sich in den erschreckend steilen und überhängenden Wänden Seillänge um Seillänge zum Gipfel emporarbeiten, gewissermaßen als „Vierte der Drei Zinnen" zu bezeichnen.
Doch bei diesem ungewöhnlichen Erlebnis sei auf den schlichten Bergwanderer nicht vergessen, der in respektvollem Abstand das köstliche Gebilde des „Frankfurter Würstl" bewundert, ohne sich natürlich darauf einzulassen, dem auch der Aufstieg durch den finsteren Stollen zum Paternkofel unheimlich bleibt. Doch er findet darüber hinaus in dieser Landschaft soviel des Schönen, daß es ihm schwer fällt, sich für das eine oder andere zu entscheiden. Wie schon die Bezeichnung „Zinnenplateau" verrät, befindet sich der Wanderer hier auf einer Hochfläche, die er ohne viel Mühe nach allen Seiten hin überqueren kann. Da ist vor allem jene großartige „Drei-Zinnen-Promenade", die von der Drei-Zinnen-Hütte über den Paternsattel zur Auronzohütte führt und die man, freilich etwas mühsamer, über die Lange Alpe zu einer Wanderung rund um die Drei Zinnen fortsetzen kann. Nicht weniger schön und eindrucksvoll sind die Höhenwege, die vom Zinnenplateau über die Bödenseen und das Büllelejoch oder über den Paternsattel und das Oberbachernjoch zur Zsigmondyhütte führen.

Auf dem Zinnenplateau befindet man sich auf einer Art Drehscheibe, auf der man sich den weiteren Weg jeweils ganz nach Wetter und Laune einstellen kann. Ob man in das Fischleintal zurückkehrt oder in das Innerfeldtal absteigt, ob man über das Tal der Schwarzen Rienz und die Katzenleiter Landro oder Schluderbach erreichen möchte oder über den Paternsattel nach Auronzo oder nach Misurina kommen will, der Bergwanderer wird auf jedem dieser Wege Eindrücke einer herrlichen Landschaft empfangen und überall gute Einkehr finden.
An der Südseite der Drei Zinnen, auf dem weiten Sattel der Forcella Longeres, liegt die Auronzohütte, die an Stelle des im Jahre 1955 abgebrannten Rifugio Principe Umberto als modernes Berghaus gebaut worden ist. Die Aussicht von der Terrasse dieses Hauses ist wahrhaft großartig. Besonders schön und eindrucksvoll ist der Blick auf die Cadinspitzen, die den Drei Zinnen gegenüberliegen, ein einziger, geschlossener Zug von Nadeln, Spitzen und Türmen, einem zu Stein gewordenen Bergwalde gleich. Obwohl man diese Berggruppe in strengem Sinne nicht mehr zu den Sextener Dolomiten rechnet, haben doch gerade in diesem Gebiet mit den herausfordernd kühnen Spitzen, den bizarren Felsnadeln, von denen eine so „unmöglich" war wie die andere, die Sextner Bergführer, von Michel Innerkofler angefangen, großartige Erfolge errungen, freilich nur in ständigem Wettstreit mit den Bergführern aus Cortina.
Dabei hat die Auronzohütte noch einen anderen Vorzug: Sie ist vom Tale aus mit dem Auto erreichbar. Es bleibt allerdings Geschmacksache, ob man dies als Vorzug oder als Nachteil empfindet. Der Wanderer, der die Ruhe und Einsamkeit sucht, wird gerade angesichts des Wunders der Drei Zinnen

die Störung durch die unvermeidliche Betriebsamkeit und den Lärm besonders peinlich empfinden. Dem Autofahrer aber, der wie alle, die sich dem Auto verschrieben haben, wenig Zeit hat, ist damit geholfen, gewiß auch dem Kletterer, der ohne viel Umstände möglichst rasch zum Einstieg kommen will. Diese Straße hat es allerdings in sich. Man merkt ihr an, daß es sich um eine ehemalige italienische Kriegsstraße handelt. Sie zweigt vor Misurina von der Dolomitenstraße ab und überwindet in zahlreichen Kurven und Kehren, mit starken Steigungen auf einer Strecke von 7,5 Kilometer eine Höhe von 600 Metern. Nahe der Auronzohütte wurden riesige Parkplätze ausgebaggert. Damit ist die Südseite der Drei Zinnen, also die „italienische" Seite dem Autopublikum ausgeliefert worden. Die Folgen sind verheerend. Trubel, Lärm und Unruhe. Die Drei Zinnen haben hier ihren Zauber verloren, abgesehen davon, daß von dieser Stelle aus nur die weniger eindrucksvollen Südabstürze zu sehen sind. Aber man hat die Straße weitergebaut und bis nahe an den Paternsattel herangeführt. Auch wurde ein neues Schutzhaus, die Lavaredohütte, gebaut. Zwar darf diese Straße zur Zeit nur von kleinen Motorfahrzeugen befahren werden. Doch ist zu befürchten, daß man eines Tages auch diesen Teil der Straße für Autos frei geben wird. Dann wird sich auf dem Paternsattel jenes Allerweltspublikum versammeln, das nur deshalb hierher gefahren ist, weil man sehen will, was man in den Dolomiten gesehen haben muß.

Natürlich ist zu befürchten, daß diese Straße eines Tages bis zur Zinnenhütte ausgebaut wird, technisch gesehen kein Problem. Dann ist auch der nördliche, das heißt der „tirolische" Teil des Zinnengebietes und damit das ganze Zinnenplateau für alle, denen die Berge etwas gelten, verloren. Aber so lange Pepi Reider, Bergführer und Hüttenwirt, im „tirolischen" Teil zu bestimmen hat, wird das nicht geschehen. Mit aller Energie und Zähigkeit hat er sich diesen Plänen widersetzt und seine Anwesenheit auf dem Paternsattel eindeutig demonstriert. Er will, koste es was es wolle, die „tirolischen" Drei Zinnen den Bergsteigern so erhalten, wie es seither gegolten hat, als stille Berge, mit denen man sich eins fühlen kann. Wie auf dem Kreuzberg, soll auch auf dem Paternsattel die Grenze, die einstmals dort bestanden hat, eine Grenze bleiben, keine politische Grenze, aber eine Grenze, die Haltung und alpine Gesinnung zum Ausdruck bringt. Wer die Drei Zinnen wirklich erleben will, so wie sie es als eine der großartigsten Erscheinungen im gesamten Alpenraum verdienen, soll nicht in das Auto steigen und fahren, so weit die Straße reicht, soll vielmehr Bergschuhe und Rucksack nehmen und sich die Drei Zinnen von ihrer schönsten, der „tirolischen" Seite aus, richtig erwandern.

Vom Paternsattel ausgehend, wird damit wieder der Paternkofel erreicht. Damit aber ist der ganze Raum umwandert, in dem sich jener einzigartige Schöpfungsakt vollzogen hat, der alle empfänglichen Menschen in Staunen und Ergriffenheit versetzt; das Wunder der Drei Zinnen.

Siebenter Tag: Gottes eigenwilligste Schöpfung – Die Drei Zinnen

Das Bild der Drei Zinnen, ein Bild, das jeder kennt, das für viele Menschen zum Inbegriff dessen geworden ist, was man sich unter Bergen und insbesondere unter „Dolomiten" vorstellt! Denn, vom Matterhorn abgesehen, ist wohl kein Berg in den Alpen so oft und so intensiv der Kamera ausgesetzt worden wie die Drei Zinnen. Es gibt aber auch kaum einen Berg, der dafür ein dankbareres Objekt wäre. Man möchte sagen: Die Drei Zinnen sind fotogen. Kein Wunder, daß dieses Bild längst über die ganze Erde gegangen ist und zu einem Allerweltsklischee wurde. Leider werden dadurch andere nicht weniger bedeutsame Berge in den Sextner Dolomiten vergessen, ganz zu unrecht natürlich; denn es gibt in der Umgebung der Drei Zinnen genug Gipfel, die, wie etwa der Zwölfer von der Zsigmondyhütte, die Dreischusterspitze vom Innerfeldtal, aber auch der Paternkofel von der Zinnenhütte aus, gewiß neben den Drei Zinnen bestehen können. Aber ihnen fehlt eben das Besondere, das Außergewöhnliche, das die Drei Zinnen zu einem alpinen Sonderfall macht oder, wie ich es ausdrücken möchte, „zu Gottes eigenwilligster Schöpfung in den Alpen".

Das Besondere liegt daran, daß man dieses Wahrzeichen nirgends vom Tale aus sehen kann. Man weiß davon, — aber man sieht es nicht. Das ist, um nur ein Beispiel zu nennen, im Grödental anders. Dort kann man das Wahrzeichen des Tales, den Langkofel, im gleichen Augenblick sehen, da man den Hauptort des Tales, St. Ulrich, betritt. Wohin man sich im Grödental wendet, es gibt kaum einen Ort, von dem aus der Langkofel nicht zu sehen wäre. Noch augenfälliger ist dies in Cortina. Dort geht es allerdings nicht um ein bestimmtes Wahrzeichen, vielmehr um sämtliche Gipfel, die für das Gebiet von Cortina wichtig sind. Alles, was es dort gibt und was man sehen und besuchen will, liegt offen da. Man kann dort, einen auseinandergefalteten Prospekt in der Hand, aus dem Reisebüro auf den Hauptplatz hinaustreten und von dieser Stelle aus alle Gipfel, die man auf dem Prospekt festgestellt hat, sehen: Tofanen und Cristallo, Sorapis und Antelao, Croda da Lago und Becco di Mezzodi. Anders in Sexten: Wer die Drei Zinnen sehen will, muß eine mehrstündige Bergwanderung in Kauf nehmen.

Vom Innichriedl-Knoten, 2891 m, dem südlichsten Ausläufer der Dreischusterspitze, zeigen sich die Zinnen-Nordwände im blauen Mittagsschatten. In den beiden Bödenseen unterhalb der Zinnenhütte spiegeln sich die weißen Sommerwolken.

Das ist vielleicht nicht nach jedermanns Geschmack, hat aber den Vorteil, daß der Eindruck, den die Drei Zinnen gewähren, viel stärker und nachhaltiger ist, als es der Fall wäre, wenn man sie von überall her sehen könnte und ständig vor Augen hätte. Das Moment der Überraschung gehört zum Erlebnis der Drei Zinnen dazu.

Allerdings, man kann, wenn man will, die Drei Zinnen auch vom Tale, ja sogar von der Autostraße aus sehen, freilich nicht in Sexten, sondern in Misurina, also von der über den Tre-Croci-Paß nach Cortina führenden Straße. Aber man sieht dort die Drei Zinnen von ihrer Südseite und ist enttäuscht, weil sich dieses Bild nicht mit jenem deckt, das man sich von den Drei Zinnen gemacht hat, nämlich das Bild mit den typischen Nordwänden, denn die vielgegliederten, von breiten Schuttbändern durchzogenen Südwände wirken bei weitem nicht so überwältigend. Nur die Kleine Zinne, dieser „alpine Sonderfall“ im Sonderfall der Drei Zinnen, kann auch von Süden vor jedem Auge und jeder Kamera bestehen. Wesentlich eindrucksvoller ist der Anblick der Drei Zinnen von Landro aus, das an der von Toblach nach Cortina führenden Straße liegt. Hier kann man an einer bestimmten Stelle — einen Augenblick lang, für Autofahrer kaum eine Sekunde — durch den schluchtartigen Ausschnitt der Schwarzen Rienz die Große und die Westliche Zinne sehen — die Kleine Zinne, wieder als Sonderfall, bleibt verdeckt! Von dieser Seite aus erscheinen sie als hohe, kühne Turmgestalten. Aber wenn nicht zufällig eifrige Leute dort stehen, die mit Kamera und Teleobjektiv hantieren, fahren die meisten Autofahrer achtlos an dieser Stelle vorbei.
Doch weder dieses Bild, noch viel weniger der Anblick der Drei Zinnen von Misurina aus, kann den Eindruck wettmachen, den man, vom Altensteinoder Innerfeldtal aufsteigend, von den Drei Zinnen empfängt. Die Wirklichkeit schlägt alles, was man von Bildern und Aufnahmen kennt. Während man beim Aufstieg aus dem Innerfeldtal gewissermaßen erst mit dem letzten Schritt unvermittelt an die erschreckend jähen Nordwände prallt, erlebt man, wenn man aus dem Altensteintale kommt, ein besonders reizvolles Spiel, das jedem Bergwanderer unvergeßlich bleiben wird. Im letzten Wegstück

von den Bödenseen zur Drei-Zinnen-Hütte, die auf einem hohen Sattel, dem Toblinger Riedel, liegt, aufsteigend, sieht man nämlich, weil dieser Sattel den Sockel der Drei Zinnen verdeckt, zuerst nur die Gipfel allein. Schon das ist etwas Besonderes, einen Berg, nicht wie gewohnt, von unten nach oben zu sehen, also vom Fuß bis zum Gipfel, sondern umgekehrt, von oben nach unten, zuerst nur den Gipfel und dann mit jedem Schritt aufwärts etwas mehr vom Berge selbst, bis sich dann, sobald man den Sattel erreicht hat, die Drei Zinnen in ihrer vollen Gestalt offenbaren. So überwältigend dieses Bild ist, noch eindrucksvoller ist der Anblick der Drei Zinnen vom Paternsattel aus, also von Osten her. Hier hat man die Nordwände nicht in der Draufsicht, sondern seitlich von der Kante aus vor sich, also nicht „en face", sondern im Profil, wobei die Kleine Zinne mit Recht nach vorne rückt, während ihr die beiden anderen mit ihren ungeheuerlichen Wandfluchten über die Schulter sehen.

Woran liegt das Besondere dieses Bildes? Zunächst wohl darin, daß die Drei Zinnen völlig isoliert stehen. Dies wirkt um so eigenartiger, als sich gerade in den Sextner Dolomiten die Berge sonst überall eng zusammendrängen, so daß man kaum irgendwo einen Berg für sich allein sehen kann. Die Drei Zinnen aber stehen auf einem breiten, fast ebenen Gelände, das nach allen Seiten hin frei und offen da liegt. Man braucht die Drei Zinnen nicht erst zu suchen. Man kann sie auch nicht mit anderen Bergen verwechseln. Es bedarf auch keiner Erklärungen, um sich in diesem Bilde zurechtzufinden — man schweigt ergriffen, wenn man sie sieht. Weil die Drei Zinnen auf diese Art völlig allein und selbständig erscheinen, verstärkt sich der Eindruck des Einmaligen und Unvergleichbaren. Das sind keine Berge mehr, denkt man, das sind Monumente, die man als Schaustück auf einen Sockel gestellt hat, vergleichbar am ehesten mit bestimmten Schöpfungen aus der Hand des Menschen, etwa den Pyramiden von Gizeh.

Was aber jeden empfänglichen Menschen bei der Betrachtung der Drei Zinnen noch ganz besonders bewegt, ist die Tatsache, daß hier nicht wie anderswo ein einzelner, ganz bestimmter Berg vor uns liegt, dessen Form man bewundert, sondern daß sich dieser Vorgang auf einem klar abgegrenzten, leicht überschaubaren Raum dreimal in fast gleicher Weise vollzogen hat. Der Eindruck, den man von den Zinnen empfängt, ist daher völlig anders als man ihn beispielsweise beim Anblick des Matterhorns empfindet. Dort ist es die einzigartige Gestalt des Berges, die man bewundert. Wer aber vor den Drei Zinnen steht, ist nicht allein von der Form dieser Berggestalten fasziniert, einer Form, die man eigentlich erst dann richtig zu beurteilen vermag, wenn man jede einzelne der Drei Zinnen für sich allein betrachtet. Wie einzigartig jedes dieser drei Felsgebilde ist, kann man bei fotografischen Aufnahmen sehen, bei denen, um von dem störenden Gesamtbild loszukommen, jede einzelne Zinne für sich aufgenommen wird. Und doch ist es nicht so sehr die Form dieser Berge an sich, die uns überwältigt, als die Tatsache ihrer dreimaligen Wiederholung. Auch wenn die Geologen für dieses eigen-

Das Panoramabild auf den beiden nächsten Seiten bringt die Zinnen-Nordwände im warmen Licht der Abendsonne. Deutlich erkennt man die hellen, senkrechten bis überhängenden Wandteile, die von der Verwitterung nicht so stark betroffen sind. Auch das große Dach über dem Wandfuß der Westlichen Zinne ist durch die Schattenbildung gut sichtbar.

artige Spiel der Natur eine durchaus plausible Erklärung zur Hand haben und uns eindeutig beweisen, daß es auf Grund der geologischen Gegebenheiten so und nicht anders kommen mußte, spüren wir Menschen angesichts dieses Vorganges unmittelbar die Größe und Gewalt dieses Schöpfungsaktes.

Doch die Drei Zinnen sind nicht nur das von aller Welt bestaunte Schöpfungswunder der Alpen. Seit Menschen auf Berge steigen, seit es also einen Alpinismus gibt, sind die Drei Zinnen das bevorzugte Ziel aller Bergsteiger. Kein anderer Berg der Dolomiten hat die Bergwanderer wie die Kletterer so angezogen, wie die Drei Zinnen. Dies hängt nicht zuletzt auch damit zusammen, daß jeder Alpinist an diesen ungemein vielgestaltigen Felsgebilden immer das finden kann, was jeweils seiner Leistungsfähigkeit entspricht. Es gibt bis heute bereits mehr als einhundert verschiedene Anstiege und Kletterrouten, die zu den Gipfeln der Drei Zinnen führen, eine Auswahl, die kaum von einem anderen Alpengipfel erreicht wird. Dabei ist jede Route etwas völlig Eigenes und wiederholt sich keineswegs. Vom durchaus nicht leichten Normalweg bis zu extremster Wandkletterei – es ist alles da.

Mehr als einhundert Jahre sind vergangen, seit Paul Grohmann den Gipfel der Großen Zinne bestiegen hat. In diesen einhundert Jahren haben sich die Besten jeder Generation an den Drei Zinnen bewährt. Alpinisten von Rang und Namen waren bei der Erschließung neuer Routen und Kletterwege beteiligt. Wem daran gelegen war, in der alpinen Welt „etwas zu gelten", mußte hier sein Können zeigen. Was hier geplant und geleistet worden ist, wurde zum Maßstab anderer alpiner Unternehmungen.

Dazu kommt noch das Besondere, daß sich alles, was an den Drei Zinnen geschieht, vor aller Öffentlichkeit vollzieht, denn es gibt keine Route, an der man nicht den Kletterer, ob es ihm angenehm ist oder nicht, vom Einstieg bis zum Gipfel genau beobachten könnte. So wird jedes Klettern an den Drei Zinnen zum Schauklettern, mitunter auch zu einer mehr oder weniger erfreulichen Sensation. Doch gerade der Umstand, daß hier jeder Kletterer, ungefragt, sein Publikum findet, hat seit jeher den alpinen Unternehmungen im Gebiete der Drei Zinnen besonderen Nachdruck gegeben. An diesem Brennpunkt alpinen Geschehens hat, seit die Drei Zinnen Wunschtraum und Ziel der Bergsteiger sind, die alpine Elite aller Nationen dem Alpinismus neue Möglichkeiten und Ziele gesetzt.

Es sind vier Generationen, denen die Drei Zinnen zum Inbegriff ihrer alpinen Tätigkeit wurden: Die Generation Paul Grohmanns, die etwa in der Zeit von 1869 bis 1890 in die Dolomiten kam, interessierte sich verständlicherweise zunächst nur für die Gipfel und zwar für den höchsten Gipfel allein. Daher war für Grohmann einzig die Große Zinne maßgebend. Als er mit seinen bewährten Führern Peter Salcher und Franz Innerkofler am 20. August 1869, über die Südwand aufsteigend, den Gipfel der Großen Zinne

↑ Kleinste Zinne
2700 m

↑ Punta di Frida
2785 m

↑ Kleine Zinne
2856 m

↑ Große Zinne
2999 m

↑ Westliche Zinne
2973 m

↑ Zinnenkopf
2753 m

↑ Civetta

erreichte, auf jener Route, die auch heute noch als Normalweg benützt wird, war für ihn das Problem der Drei Zinnen gelöst. Anders Michel Innerkofler, ihm ging es nicht um die Große Zinne allein. Zehn Jahre später erstieg er mit Georg Ploner die Westliche Zinne, die nicht viel schwieriger zu ersteigen ist als die Große. Blieb noch die Kleine Zinne übrig, an der auch der „Dolomitenkönig" keine sanfte Seite entdecken konnte. Lange Zeit galt daher die nach allen Seiten steil abfallende Kleine Zinne als unersteigbar. Sie stellt im Gesamtgebiet der Drei Zinnen einen Sonderfall dar, ähnlich wie sich der Zwölfer im Kleinen Zwölfer förmlich selbst kopiert. Ja, man ist versucht, festzustellen, daß sich in der Kleinen Zinne das im Kleinen wiederholt, was man im Großen erlebt. Drei voneinander völlig getrennte Berggestalten: die Kleine Zinne selbst, die Punta di Frida und die Kleinste Zinne. Tatsächlich wiederholt sich in diesen Formen das bekannte Bild der Drei Zinnen. Auch hier muß der Kletterer jeden dieser drei Gipfel gesondert nehmen. Und das Einzigartige im Gebiet der Drei Zinnen, soweit es sich um Normalanstiege handelt: Je niedriger der Gipfel ist, desto schwieriger ist es, ihn zu erreichen.

Die Große Zinne mittelschwer, die Westliche etwas schwieriger, die Kleine Zinne sehr ausgesetzt und ausgesprochen schwierig, aber noch verwegener die Punta di Frida und am schwierigsten die Kleinste Zinne. Als man Michel Innerkofler fragte, ob er es für möglich hielte, die Kleine Zinne zu besteigen, antwortete er barsch: „Ja, wenn man Flügel hätt'!" Flügel hatte er keine. Trotzdem gelang es ihm im Sommer 1881 endlich, mit seinem Bruder Hans über die steilgestufte Südwestwand den Durchstieg zum Gipfel zu finden, eine Leistung, die in der alpinen Welt größtes Aufsehen erregte, weil damit für das im Fels Mögliche ein neuer Maßstab gesetzt wurde, der die nachfolgende Generation zu höheren Leistungen anspornte.

Der Generation Sepp Innerkoflers, die etwa von 1890 bis zum Kriegsausbruch 1914 in den Sextner Dolomiten tätig war, ging es vor allem darum, neue Anstiegsmöglichkeiten zu erschließen. Nicht mehr der Gipfel, sondern die Route wurde maßgebend. So gelang es Sepp Innerkofler, der als Bewirtschafter der Drei-Zinnen-Hütte die Drei Zinnen stets vor Augen hatte, im Sommer 1890 mit seinem Vetter Veit Innerkofler und seinem Herrn, H. Helversen, die Nordwand der Kleinen Zinne zu durchsteigen. Wieder ein „Sonderfall im Sonderfall", daß ausgerechnet die schwierigste der Drei Zinnen, die Kleine Zinne, die einzige war, die man über die Nordwand erreichen konnte, während man die Nordwand der Großen wie der Westlichen Zinne damals für absolut unersteigbar hielt. Paul Preuß, einer der erfolgreichsten Kletterer dieser Generation, erstieg vom Paternsattel aus die Nordostwand der Kleinsten Zinne durch den steilen Riß, den man nun den „Preußriß" nennt, eine Route, die bisher auffallend viele Opfer gefordert hat. Der Bergführer Angelo Dibona aus Cortina kletterte über die markante Nordostkante auf die Große Zinne. Seither gilt die Durchkletterung der Dibonakante als eine der idealsten Kletterfahrten mittlerer Schwierigkeit in den Dolomiten. Sepp Innerkofler erschloß die Route, die über die Ostwand auf die Westliche Zinne führt, Hans Dülfer erreichte diesen Gipfel von Westen her. Immer neue Anstiegswege wurden erkundet, bis der Ausbruch des Krieges weiteren Unternehmungen ein Ende setzte.

Nach dem ersten Weltkrieg griff eine neue Generation mit unerhörtem Mut und verbesserten technischen Hilfsmitteln neue Aufgaben an. Ihr ging es nicht um Gipfel, sondern um Wände, genauer gesagt, um jene Wände, die man bisher als unersteigbar gehalten hatte, vor allem um die erschreckend ausgesetzte, ja überhängende Nordwand der Großen Zinne. Hier hatte die vorausgehende Generation ein eindeutiges „Unmöglich" ausgesprochen. Was von den Kletterern dieser Generation im Gebiet der Drei Zinnen geleistet wurde, ist vor allem mit dem Namen eines jungen italienischen Alpinisten verknüpft: Emilio Comici.
Seltsamerweise stammte Comici nicht aus den Bergen, sondern aus Triest. Nicht in den Alpen, sondern in den düsteren Höhlen des Karsts hatte sich der junge Student Comici seine ersten Sporen verdient. Ein einfaches Kerzenlicht auf den Stahlhelm geklebt, drang er in die wilden Schluchtengebilde des Karsts ein und erreichte eine Tiefe von 600 Metern. Ein köstliches Spiel des Schicksals: Der Mann, der sich später Seillänge um Seillänge in die Höhe kämpfte, hatte damit begonnen, die Tiefe zu erobern.

Doch Comici fand einen großartigen Lehrmeister, den Triestiner Kaufmann Dr. Julius Kugy. Das war kein Alpinist wie andere auch. Kugy galten die Berge mehr als jedem anderen, der vielleicht in diesen Gipfeln und Wänden nur Möglichkeiten sucht, sich selbst zu bestätigen. Für Kugy waren die Berge ein Lebensraum, in dem er alles finden konnte, was das Dasein lebenswert machte. An seiner Seite entdeckte Comici die Dolomiten. Große Zinne, Sorapis, Croda da Lago – das war ein bescheidener Anfang. Doch dann bezwang Comici die 1200 Meter hohe Nordwestwand der Civetta, nicht auf der Route Solleders, sondern mit einer neuen Führe, eine Leistung, die aufhorchen ließ. Und wieder kehrte er zu den Drei Zinnen zurück, um sich dort etwas auszusuchen, was seinem Können entsprach.

Da gab es an der Kleinen Zinne eine auffallende steile Kante, an die sich bisher kein Kletterer herangewagt hatte, die später so berühmt, aber auch berüchtigt gewordene „Gelbe Kante" von den Italienern „spigolo giallo" genannt. Diese abweisende Kante zu erklettern, bedeutete 300 Meter im freien Fall zu überwinden. Im September des Jahres 1933 durchstieg Emilio Comici mit R. Zanutti und Mary Varale die „Gelbe Kante", eine alpine Höchstleistung, für die man damals in der neugeschaffenen Klassifizierung der Schwierigkeitsgrade den sechsten Grad proklamierte.

Doch was Comici dabei allen anderen verschwieg: Für ihn war die Bezwingung der „Gelben Kante" nur Anlaß, um sich an ein größeres Unternehmen

Zwei sehr eindrucksvolle Aufnahmen aus der Nordwand der Großen Zinne: Der Kletterer links befindet sich in der Comici-Führe (Aufnahmerichtung ganz schwach aufwärts), die Seilschaft auf dem Bild rechts klettert die Hasse-Brandler-Führe. An der frei hängenden Trittleiter des Kletterers ist die Steilheit der Wand gut zu beurteilen.

heranzuwagen, für das nur ein allgemein ausgesprochenes „Unmöglich" bestand: Die Nordwand der Großen Zinne.

Das bedeutete 550 Meter in jäh aufschießendem, nahezu grifflosem Fels. Doch was noch mehr bedeutete, diese Wand war überhängend. Wenn man vom Gipfel des Berges ein Lot an einer langen Schnur in die Tiefe gleiten ließ, hing das Lot am Wandfuß zwanzig Meter weit weg. Der französische Alpinist Gaston Rébuffat, der vor keiner Gefahr zurückscheute, hat den Zustand, den man in dieser überhängenden Wand empfindet, mit folgenden Worten geschildert. „Und schon sind wir völlig in der Luft, schon geht die Wand unter unseren Füßen fort. Wir brauchen uns nicht mehr umdrehen, um die Schutthalde am Fuße dieser Wand zu sehen. Von nun an erscheint sie zwischen unseren Beinen."
Comici suchte Bergführer, die sich auf dieses „Unmöglich" einlassen würden. Er fand sie in Cortina. Es waren die Brüder Angelo und Vulgenzio Dimai. Neben den Dibonas sind die Dimai wohl eines der angesehensten Geschlechter im Ampezzo, eine Sippe, die in jeder Generation die tüchtigsten Männer im Fels gestellt hat.

Am 12. August des Jahres 1933 stand Comici mit den beiden Ampezzanern am Fuße der Wand. Niemand, nur der Hüttenwart auf der Zinnenhütte, wurde in das Unternehmen eingeweiht. Natürlich mußten Mauerhaken geschlagen werden, um die senkrechte, grifflose Wand des Einstieges meistern zu können. Damals aber war diese Art zu klettern noch wenig bekannt. Mit Trittleitern galt es die Überhänge zu bezwingen. Es war jene auf künstliche Hilfsmittel aufgebaute Klettertechnik, die hier zum ersten Male in einem grandiosen Einsatz erprobt wurde. Wenn auch viele diese „Schlosserei" ablehnten, nur auf diese Weise konnten damals noch Fortschritte erzielt werden. Comici und seine Begleiter mußten in der überhängenden Wand biwakieren. Das bedeutete, mit Haken und Seilen an die Wand geheftet, den Morgen abwarten. An einer langen Schnur seilten sie sich Proviant und Biwakmaterial auf ihren Standplatz hinauf. Am Morgen ging es weiter. Doch die Wand wurde immer schwieriger. Haken um Haken mußte geschlagen werden. Der Tag verging. Ein zweites Biwak wurde notwendig. Erst am dritten Tag, dem 14. August, erreichten die Kletterer den Gipfel. Die Nordwand der Großen Zinne war durchstiegen. Eine neue Epoche des Alpinismus hatte begonnen.
Nur ein paar Worte noch über Comici. Er blieb auch weiterhin der stille, bescheidene Mensch, den kein Erfolg aus seiner Ruhe brachte. Julius Kugy freilich konnte seinen Schüler nicht mehr verstehen; denn Kugy war wie viele Bergsteiger seiner Generation der Ansicht, daß eine Route nicht künstlich verändert werden durfte. Fels war Fels und mußte Fels bleiben. Eisen hatte damit nichts zu tun. „Neunzig Mauerhaken und fünfzig Karabiner!" rief Kugy empört, als er von dem Erfolg seines Schülers hörte. „Nun weiß ich, daß die Nordwand der Großen Zinne wirklich unersteigbar ist!"

Comici aber ließ sich dadurch nicht beirren. Er war den Bergen völlig verfallen. Was die Zeit brachte, interessierte ihn nicht. Auch vom Krieg, der inzwischen ausgebrochen war, wollte er nichts wissen. Er blieb der bedeutendste und erfolgreichste Meister im Fels. Sein Bewegungsgefühl, seine Ausdauer, seine Klettertechnik blieben unerreicht. Um zu beweisen, daß er im Fels immer noch der Beste war, durchstieg er wenige Jahre später nochmals die Nordwand der Großen Zinne, „seine" Wand, doch diesmal ohne Seilgefährten, also allein! Das hieß 550 Meter senkrechten, teilweise überhängenden Fels ohne Seilhilfe. Wofür er damals mit den beiden Bergführern aus Cortina drei Tage gebraucht hatte, kam er nun in vier Stunden durch, eine Leistung, die bis zu seinem Tode unerreicht geblieben ist.

Tragisch war sein Ende. Comici hatte sich in das Grödnertal zurückgezogen und leitete, um sich das Geld für seine Bergfahrten zu verdienen, eine Kletterschule. An einem klaren Herbsttag des Jahres 1941 zog er mit jungen Bergsteigern in den Klettergarten, den er ausgewählt hatte, eine leicht zu durchsteigende, kaum haushohe Wand. Und hier geschah das Unfaßbare. Der Mann, der die für unmöglich erklärten Wände bezwungen und tausend Gefahren überstanden hatte, stürzte vor den Augen seiner Schüler durch das Versagen einer morsch gewordenen Reepschnur über diese kleine, ja geradezu lächerlich niedrige Wand ab und blieb tot liegen.

Was die extremen Felskletterer in den folgenden Jahren im Gebiet der Drei Zinnen geleistet haben, hat einer von ihnen, Lothar Brandler, der sich in der Nordwand der Großen Zinne nicht nur als Kletterer, sondern auch als Kameramann hervorragend bewährt hat, im Folgenden geschildert:

Schon im Jahre 1934 tauchte neben Emilio Comici ein neuer Mann auf, Ricardo Cassin. Er durchstieg zusammen mit seinen Kameraden Vitali und Pozzi die äußerst ausgesetzte und grifflose Südostwand der Kleinsten Zinne, eine Kletterei, so schwierig, daß man ihr nicht nur den sechsten Grad zubilligte, sondern durch ein hinzugefügtes + erklären mußte, daß es zur Zeit keine Leistung im Fels gab, die sich damit vergleichen ließ.

Im selben Jahr, 1935, fiel die letzte der Drei-Zinnen-Nordwände. Cassin und Ratti durchstiegen die Westliche-Zinne-Nordwand. Diese Wand hatten sich auch zwei deutsche Kletterer vorgenommen. Einer von ihnen war Hans Hintermaier. Sie kamen etwa 150 Meter hoch, ließen dann die Seile hängen und stiegen wieder ab zu ihrem Zelt, um neue Kräfte für den Durchstieg zu sammeln. Am nächsten Tag bemerkten sie die beiden Italiener in der Wand, Cassin und Ratti. Der Traum einer deutschen Erstbesteigung der Westlichen Zinne-Nordwand war ausgeträumt. Die Wand gehörte den Italienern, wobei man zugeben muß, daß die Nordwand der Westlichen Zinne noch mehr überhängt als die Nordwand der Großen Zinne und daher noch größeren Einsatz erfordert.

Links: Abseilstelle am Normalweg der Großen Zinne, der durch die reich gegliederte Südseite des Berges führt (Schwierigkeitsgrad II der Alpenskala). Rechts ein Quergang in der Cassin-Führe der Westlichen Zinne-Nordwand.

Nun ließ die erste Winterbegehung nicht mehr auf sich warten. Am 20. und 21. 3. 1938 durchstieg der Österreicher Fritz Kasparek mit Sepp Brunhuber die Nordwand der Großen Zinne, um sich für die erste Begehung der Eiger-Nordwand zu rüsten. Die Zeiten begannen sich zu ändern. Die Große Zinne-Nordwand galt bereits als Trainingsobjekt für neue, größere Unternehmen. Wenige Jahre später unterbrach abermals der Krieg alle weiteren Unternehmungen.
Die Kletterer, die nach dem zweiten Weltkrieg in die Dolomiten kamen, hatten zunächst genug zu tun, um die Leistungen ihrer Vorgänger aufzuholen. Allerdings, nachdem die „unersteigbaren" Wände alle schon durchstiegen worden waren, gab es im Gebiet der Drei Zinnen scheinbar keine Aufgabe mehr zu lösen. Trotzdem wurde eine neue gefunden: In tollkühnen Unternehmungen begradigte man die Nordwandrouten der dreißiger Jahre, d. h. die Kletterer versuchten, möglichst nahe an die Fallinie — die „Direttissima" — heranzukommen. Die großen Bergsteiger der dreißiger Jahre waren gefallen, abgestürzt, gestorben, und neue Namen tauchten in den Sextener Dolomiten auf.

Im Frühjahr 1959 sah man die ersten Kletterer in der Nordwand der Westlichen Zinne um einen direkten Durchstieg kämpfen. Es waren die beiden Schweizer Albin Schelbert und Hugo Weber. Allerdings war es noch jahreszeitlich zu früh und sehr kalt. Sie erreichten nur das große Dach zur Hälfte. Und so beschlossen sie, sich wieder abzuseilen und das ganze Vorhaben zu verschieben. Da erfuhren sie, daß ein paar Italiener in ihrer Route seien.

Die beiden Italiener Bellodis und Franceschi hingen weit oben in den Felsen, scheiterten gleichfalls am großen Dach und seilten ab. Damit war der Weg wieder frei für Albin Schelbert und Hugo Weber. So schnell es ging, stiegen sie in die Wand ein und überkletterten das große, fast 20 Meter herausragende Dach. Die Italiener stiegen sofort wieder ein, kletterten den beiden Schweizern nach, bezwangen das Dach und zweigten oberhalb nach links ab.

Nun begann ein Wettkampf besonderer Art. Die Italiener hatten die bessere Route gewählt. Am 6. Juli 1959 standen Bellodis und Franceschi auf dem Gipfel der Westlichen Zinne und wurden von ihren Landsleuten als Bezwinger der „Direttissima" der Westlichen Zinne gefeiert. Einen Tag später standen die Schweizer Schelbert und Weber auf dem Gipfel. Der Wettkampf endete aber versöhnlicher, als man zu Anfang glaubte. Bergfreunde brachten beide Gruppen zusammen, man einigte sich auf einen Namen, nannte diese Durchsteigung Schweizer-Italiener-Weg, und feierte alle Vier auf der Auronzohütte.
Parallel aber zum direkten Durchstieg der Westlichen Zinne-Nordwand über das große Dach waren etwas weiter links vier Franzosen am Werk, René Desmaison und Pierre Mazeaud sowie Pierre Kohlmann und Bernard Lagesse. Sie versuchten ihr Glück in einem schrägen Riß, der zu einer kleinen

Verschneidung hinaufführte und weiter über mehrere Dächer in die freie Wand überging. Sechs Tage, vom 6. bis 11. Juli dauerte diese Kletterfahrt.

Im Jahre 1959 hatte man es ganz besonders auf die Westliche Zinne abgesehen. Die „Scoiattoli“ (Eichkätzchen), so nennen sich die Kletterer in Cortina, stiegen am 17. Juli in die Nordwestkante ein. Es waren Lorenzo Lorenzi, Albino Michielli, Gualtiero Ghedina und Lino Lacedelli, der berühmte Erstbegeher des K 2 im Himalaya. Sie kämpften sich vom 17. bis 21. Juli an dieser Kante bis zum Gipfel empor. Die Große Zinne-Direttissima erhielt durch die Bergsteiger Werner Bittner, Rolf Jäger, Rainer Kauschke und Peter Siegert ihre erste Winterbegehung vom 13. bis 17. Februar 1961.

Damit geriet der Alpinismus in ein ganz eigenartiges Stadium. Die Öffentlichkeit nahm mehr und mehr von den Unternehmungen junger Bergsteiger Kenntnis. Als Bittner, Jäger, Kauschke und Siegert vom Gipfel herunterkamen, wurden sie von einer Unmenge Menschen, vom Fernsehen und von der Presse gefeiert, in ein Auto verfrachtet, nach Rom gebracht und dort noch einmal über das italienische Fernsehen dem Publikum vorgestellt. Diese unerwünschte Teilnahme der Öffentlichkeit wurde von verschiedenen Seiten abgelehnt. Vielleicht nicht ganz zu recht; denn die erste Winterbegehung der Großen Zinne-Direttissima war ohne Zweifel eine bergsteigerische Großtat. Im selben Winter wurde auch an der Nordwand der Westlichen Zinne über den Franzosenweg die erste Winterbegehung durchgeführt. Alippi, Lafranconi und Acquistapace durchstiegen sie vom 7. bis 12. März 1961.

Der Sommer brachte noch eine Erstbegehung an der Großen Zinne: Die Nordverschneidung wurde von den Südtiroler Bergsteigern Erich Abram und Sepp Schrott vom 13. bis 18. August 1961 durchstiegen. Nachdem alle großen Wände auf verschiedenen Routen bereits durchklettert waren, gab es nur mehr Wiederholungen. In wenigen Jahren hatten die direkten Nordwände viele Begeher zu verzeichnen: Die Große Zinne-Direttissima sah Kletterer aus elf Nationen, die Westliche Zinne, Schweizerweg, aus acht Nationen und der Franzosenweg aus sieben Nationen. So waren die Nordwände der Drei Zinnen sozusagen europäisch geworden.

Die Große-Zinne-Nordwand erhielt im Winter 1963 ihre „Superdirettissima“. Die Bergsteiger Rainer Kauschke, Peter Siegert und Gerd Uhner durchstiegen fast in der Schnürsenkellinie die 550 Meter hohe Nordwand bei einer Minustemperatur von 30 bis 40 Grad. Sie waren 16 Tage in der Wand, vom 10. bis 26. Januar. Daß vom Tal aus alles bestens organisiert wurde, war klar. Über den bergsteigerischen Wert einer solchen Begehung kann man streiten. Staunen aber muß man über das Durchhaltevermögen dieser drei Bergsteiger. Sie schliefen in Perlonhängematten und hatten ein 500 Meter langes Seil für Proviantsäcke bei sich. Es wurden Tagesleistungen von 20 bis 30 Metern geschafft. Daß diese Begehung auf viel Kritik stieß, war zu erwarten. Schließen

Vom Gipfel der Großen Zinne aus hebt sich die formschöne Dreischusterspitze wirkungsvoll von der Zentralalpenkette im Norden ab. Deutlich ist rechts, etwas niedriger, die schräge Gipfelfläche der Schusterplatte sichtbar, zu der man durch das im Schatten des Innichriedl-Knotens liegende Schuttkar aufsteigt. Und alle Wege führen zur Zinnenhütte ...

wir mit dem Urteil des bekannten Bergsteigers Guido Tonella: „Natürlich, es war eine Verrücktheit, aber eine herrliche Verrücktheit, auf die junge, unbeschwerte Menschen ein Anrecht haben."

Ein weiteres Kuriosum, oder um mit den Worten Guido Tonellas zu sprechen, „eine herrliche Verrücktheit", war, was die Brüder Erich und Walter Rudolf aus Kempten und Gerhard Baur aus Friedrichshafen in der Westlichen Zinne versuchten. Es ging ihnen um jene Stelle, wo das berühmte und gefürchtete Dach am weitesten, nämlich über vierzig Meter vorspringt, eine Kletterstelle also, bei der man mehr im Horizontalen als im Vertikalen klettern oder besser gesagt kriechen muß. Eine Woche brauchten sie, um diese Stelle zu präparieren. In den ersten Julitagen des Jahres 1968 gelang es ihnen dann tatsächlich mit 120 Bohrhaken das „größte Dach der Welt" zu überwinden.

Schließlich noch das Unglaublichste, was seither im Gebiet der Drei Zinnen geschehen ist. Als damals Sepp Innerkofler mit den Herren, die er an sein Seil genommen hatte, alle Drei Zinnen an einem einzigen Tag bewältigte, selbstverständlich auf den normalen Anstiegen, sprach die ganze alpine Welt von dieser großartigen Leistung, die keinem anderen Alpinisten zuzutrauen war. Daß aber ein junger Mensch an einem einzigen Tage alles, was es an Nordwänden im Bereich der Drei Zinnen gibt, durchklettern würde, erschien unmöglich. Es war zu dieser Zeit das Äußerste, was in diesem Gebiet geleistet werden konnte.
Es handelte sich um einen jungen belgischen Studenten, Claudio Barbier. Zufällig war er mit seinen Eltern in die Dolomiten auf Sommerfrische gekommen. Die Dolomiten gelten in Belgien sehr viel, seit der belgische König Albert mit Bergführern aus Cortina d'Ampezzo die wichtigsten Gipfel erstiegen hat. Claudio, seit jeher den Bergen verschworen, verfiel völlig dem Zauber dieser Berge, brannte seinen besorgten Eltern durch und ging die schwierigsten Wände an. In kurzer Zeit hatte er sich die raffinierteste Technik des modernen Felskletterns angeeignet. Nun stand er vor den Drei Zinnen und ließ sich vom Hüttenwart schildern, was in diesen Nordwänden schon geschehen wäre. Am frühesten Morgen zog er los, allein. An einem einzigen Tag hat Claudio Barbier von der Dreizinnenhütte aus die fünf Nordwände durchstiegen, die Nordwand der Westlichen Zinne (Cassinroute), der Großen Zinne (Comiciroute), die Kleinste Zinne (Preußweg), die Nordwand der Punta di Frida (Dülferweg) und die Nordwand der Kleinen Zinne (Sepp-Innerkofler-Weg). Im ganzen gesehen, eine alpine Tat, die bisher nur einem einzigen Menschen vorbehalten geblieben ist. Claudio Barbier stürzte 1977 in einem Klettergarten tödlich ab; eine makabre Parallele zu Emilio Comici.

Doch genug davon! Diese an das Äußerste grenzenden Leistungen werden stets die Angelegenheit junger, erfahrener und besonders geübter Kletterer bleiben, die nicht nur körperlich zu höchsten Leistungen befähigt sind, son-

dern auch das Klettern im Fels hervorragend beherrschen und sich dementsprechend ausrüsten können. Dazu werden alle Nationen Europas ihre besten Männer stellen. Trotzdem wird die Zahl dieser zu höchsten alpinen Leistungen Berufenen gering bleiben. Es handelt sich um eine alpine Elite, in der nahezu einer den anderen kennt. Aber die einfachen Bergsteiger, die entweder diese einzigartigen Leistungen bewundern oder, wie der alte Kugy, ablehnen, bleiben davon unberührt. Im Laufe von vier Generationen sind die Drei Zinnen restlos erschlossen worden. Es gibt dort keine Sensationen, auch keine Rekorde mehr. Was einer in diesen Wänden durchklettert, hat vor ihm schon ein anderer durchklettert. Es gibt also nur mehr Wiederholungen, bestenfalls durch gewisse Varianten oder Begradigungen aufgewertet.
Was bleibt davon für den einfachen Bergsteiger, den „Normal-Touristen", übrig? Wenn man unter einem „Normal-Touristen" einen Mann versteht, der sich nur für einfache, leicht zu bewältigende Touren ausgerüstet hat, also ohne Kletterausrüstung, zumeist auch ohne Seil in die Berge kommt, um dort auf einfachen, leicht zu bewältigenden Routen Großes und Erhabenes zu erleben, ein Mann also, für den die Berge als Berge und nicht als Objekte gelten, an denen man seine physischen Höchstleistungen erproben will, dann muß er auf eine Besteigung im Gebiet der Drei Zinnen verzichten; denn es gibt dabei keinen Aufstieg, der nicht nur Trittsicherheit und Ausdauer, sondern auch alpines Können, vor allem sicheres Felsklettern und Wagemut erfordern würde.

Die Kleine Zinne, 2856 m, hat, von Norden her gesehen, links zwei Anhängsel, die Punta di Frida, 2785 m, und die Kleinste Zinne, 2700 m. Sie sind von allen Seiten mit Führen überzogen, von denen die Gelbe Kante an der Kleinen und der Preußriß an der Kleinsten Zinne die bekanntesten sind.

Der relativ leichteste und daher am meisten begangene Aufstieg führt durch die Südwand der Großen Zinne, der Normalweg, von Paul Grohmann vor mehr als einhundert Jahren erschlossen. Natürlich bleibt die Möglichkeit offen, einen Bergführer zu nehmen und sich ihm anzuvertrauen. Die Sextner Bergführer haben sich auf einen „Transport" dieser Art, wie sie es nennen, seit jeher eingestellt. Gott im Himmel, was haben diese Männer schon alles auf die Große Zinne transportiert? Bergbegeisterte ungezählter Nationen, alte Männlein und Weiblein, einmal sogar eine alte Dame, die verlangte, daß auch ihr Lieblingshund, ein Spaniel, den Gipfel der Großen Zinne erleben müsse. Kriegsversehrte, Männer mit Beinprothesen, ja sogar einen Blinden, der zumindest physisch erleben wollte, was die Große Zinne einem Manne abverlangt.

Es gibt also im Gebiet der Drei Zinnen keinen leicht zu erreichenden Dreitausender oder Fast-Dreitausender wie den Hochebenkofel im Innerfeldtal, die Hochbrunner Schneide im Gebiet des Zwölfers. Wem der Paternkofel nicht genügt, dem kann auf andere Weise geholfen werden. Es handelt sich um die Schusterplatte. Wie dieser Name verrät, handelt es sich um einen Berg in der Dreischustergruppe, genauer gesagt, um ein in Richtung auf die Drei Zinnen vorgeschobenes Gipfelplateau, 2957 Meter hoch. Nachdem die Große Zinne knapp über 3000 Meter hoch ist (nach anderen Messungen beträgt ihre

Höhe tatsächlich nur 2999 Meter — vielleicht hat man den auf den Dreitausender fehlenden Meter ergänzt!), die Westliche Zinne 2973 Meter, die Kleine Zinne nur 2856 Meter mißt, kann sich die Schusterplatte mit ihren 2957 Metern, als Fast-Dreitausender also durchaus sehen lassen. Doch nicht allein auf die Höhe kommt es an. Das Entscheidende bleibt, daß man die Schusterplatte vom Zinnenplateau in knapp drei Stunden erreichen kann, ohne wirklich in den Fels greifen und klettern zu müssen. Gewiß, die Orientierung ist nicht leicht, über den flachen Sattel des Innichriedels in das große Kar hinein und zu dem Grat empor, der die Altensteinspitze mit der Dreischusterspitze verbindet. Doch dieser etwas mühsame, aber niemals ausgesetzte Aufstieg hat sich gelohnt. Herrlich ist der Blick über die Gipfel hin.

Die Aussicht könnte nicht schöner sein, wenn man den schwierigsten Gipfel bezwungen hätte. Alles, was uns in diesen Tagen erfreut hat, angefangen vom Helm, dessen grüne Kuppe freundlich zu uns herübergrüßt, über die Sextner Rotwand, den Elfer, den Zwölfer, den Einser, alle nun längst vertraut, bis zu den Drei Zinnen, die von hier aus gesehen, ihren monumentalen Charakter besonders deutlich offenbaren, schließt sich zu einer glücklichen Einheit zusammen. Noch einmal erlebt man von diesem Gipfel aus das seltene Glück, das die Berge von Sexten in diesen sieben Tagen dem Menschen gegeben haben.

Doch es gibt auch Bergwanderer, die sich den Aufstieg zur Schusterplatte nicht zumuten können. Sie suchen bequemere Wege. Eine Frage an den Hüttenwart, was man da unternehmen könne. Die Antwort ist großartig. In den letzten Jahren wurden von der Zinnenhütte aus sieben neue Höhenwege erschlossen, alle gut gesichert und in einfacher Bergausrüstung begehbar. Man braucht also nur zu wählen und zu überlegen, wohin man sich wenden will.

Die zweite Woche: Cadinspitzen – Bladen

Das Einfachste, was man dem Feriengast, der nach Sexten gekommen ist und sich eine zweite Urlaubswoche frei machen konnte, raten kann: Alles, was hier auf sieben Tage zusammengedrängt werden mußte, um das Wichtigste aufzuzeigen, was Sexten zu bieten hat, auf vierzehn Tage auszudehnen. Anders ausgedrückt, das, was in diesem Buche gewissermaßen komprimiert wurde, nun in Zeitlupe abrollen zu lassen; denn diese sieben Sextner Tage waren ja nur die Form, in der man das ganze zu bewältigende Material verstauen und zugänglich machen wollte. In diese sieben Tage wurde kein Rasttag eingeschaltet und außerdem ist alles in der Annahme geschrieben, daß das Wetter restlos mitspielt, ein richtiges Schönwetterbuch also. Doch die Wirklichkeit ist leider anders. Nicht nur Rasttage, auch Regentage müssen gewiß eingeschaltet werden. Auf diese Weise wird man das, was hier im Ablauf einer Woche geboten wurde, erst richtig einteilen und genießen können. Dazu ist zu sagen, daß der einigermaßen bergmäßig ausgerüstete Feriengast, wenn er die Rotwand und Hochbrunner Schneide und Schusterplatte besteigt, hinreichend ausgelastet worden ist.

Ein weiterer Vorschlag für jene, die sich im Laufe des Jahres nur zwei Wochen für Sexten frei machen können: Die zweite Woche auf den Winter verlegen und etwa im März oder April, wenn die Tage schon länger sind und das Wetter wärmer wird, nochmals nach Sexten zu kommen. Was jeder, der einigermaßen gut auf den Skiern steht, in diesem Nachwinter in Sexten erleben kann, ist gewissermaßen das, was in diesem Buch im Ablauf einer Sommerwoche geschildert wurde, vermehrt um intensive und ausgiebige sportliche Betätigung. Sexten besitzt ein hervorragendes Skigelände, auf jedes sportliche Können abgestimmt. Die einfachen, talnahen Schlepplifte ermöglichen es auch dem noch wenig geübten Skiläufer, das, was er sich vorgenommen hat, zu erfüllen, abgesehen von der ausgezeichneten Skischule, die sich auch der Anfänger und Kinder annimmt. Etwas mehr an Können erfordert die Abfahrt von der Rotwandwiese, zu der die Gondelbahn hinaufführt. Hier hat man aus dem Bergwald mehrere sehr unterschiedliche Abfahrten ausgeschlagen, von der gemächlichen Familienabfahrt bis zu der Trasse, die sehr rasant ins Tal führt. Ganz besonders aber wird der Tourenfahrer, der weder Lift noch Piste braucht, vielmehr weite, offene Hänge sucht, im Sextner Bergland auf seine Rechnung kommen. Zum Zinnenplateau aufzusteigen und durch den Pulverschnee das Altensteintal abzufahren, erfordert naturgemäß ein bestimmtes Können und alpine Erfahrung, vor allem auch ein Gespür für die Lawinengefahr. Doch die Möglichkeiten im Winter nachzuholen, was man im Sommer versäumt hat, sind unbegrenzt. Ein seltener Genuß, in wenigen Minuten zu bewältigen, wofür man im Sommer Stunden gebraucht hat!

In die wilde Felsenwelt der Cadingruppe führt von der Auronzo-Hütte ein gut gesicherter und markierter Steig, der Bonacossa-Weg, zur Fonda-Savio-Hütte, die das vordere Einbandbild zeigt.

Doch bei diesen Vorschlägen für eine zweite Woche in den Bergen soll auch an jene gedacht werden, die Neues erleben wollen. Es ist zu vermuten, daß es ihnen bei dem Weg zum Paternsattel so ergangen ist, wie es vielen ergeht. So schön das ist, was man in diesem Gebiet unmittelbar erlebt, schöner, großartiger noch erscheint jene Berggruppe, die man an dieser Stelle in ihrer ganzen Pracht und Fülle bewundern kann: die Cadinspitzen. Von der Zinnenhütte aus sind sie noch nicht zu sehen. Sobald man aber den Paternsattel erreicht hat, stehen sie da, Spitze neben Spitze, Turm neben Turm, eine solche Fülle prächtigster Felsgestalten, daß man glauben könnte, man habe einen ins Große projektierten, versteinerten Wald vor sich. Obwohl das Auge hier am Fuße der Kleinsten Zinne mit dem berühmten Blick quer in die großen Nordwände hinein genug an Großartigem zu sehen hat, bleibt doch der Blick gebannt an diesen Spitzen hängen. Unwillkürlich fragt man sich: Was ist dies da drüben für eine sonderbare Welt?

Sonderbar gewiß, weil man dort überwiegend noch das findet, was man im Gebiet der Drei Zinnen vermißt hat: Stille und Abgeschiedenheit. Diese Berggruppe, von den Alpinisten kurz die „Cadinen" genannt, ist von fast allen Seiten her nur schwer erreichbar. Es gibt, Misurina ausgenommen, keinen Talort, von dem aus man bequem in dieses Gebiet gelangen könnte. Sexten liegt zu weit ab, natürlich auch Toblach oder Innichen. Aber auch Cortina ist durch den Tre-Croci-Paß von den Cadinen getrennt. Selbst Auronzo bleibt abseits. Für den Bergsteiger heißt das, daß er völlig auf die Schutzhütten angewiesen ist, von denen es aber in diesem Gebiet nur zwei gibt. Man muß

sich also, wenn man in die Cadinen geht, weitgehend selbst versorgen. Andererseits aber findet man hier ein Gebiet, das noch voll und ganz dem Bergsteiger gehört.
Noch ein Umstand hat dazu beigetragen, daß die Cadinen bei der Erschließung der Alpen abseits des allgemeinen Geschehens blieben. Dieses Gebiet gehörte nicht zu Österreich. Für die Bergsteiger, die aus Sexten oder Cortina kamen, war es Ausland. Der Kreuzberg, der Paternsattel, der Tre-Croci-Paß bildeten die Grenze der österreichisch-ungarischen Monarchie gegen das Königreich Italien. Wenn der alte Michel Innerkofler, der „Dolomitenkönig" von Sexten nach Cortina kam, um sich im Ampezzo einen Gipfel für seine Erstbesteigungen auszusuchen, dann blieb er im Lande. Wer aber in die Cadinen wollte, mußte über die Grenze gehen und brauchte einen Paß. Dies war auch der Grund, weshalb Paul Grohmann, der k. u. k. Vermessungsbeamte aus Wien, der sonst keinen noch unerstiegenen Gipfel in den Dolomiten übersah, an den Cadinen vorbeiging. Sie standen im Ausland und sich dort zu betätigen, widersprach dem Auftrag, den man ihm in Wien gegeben hatte. Erst im Jahre 1918 ist diese Grenze gefallen. Seither sind die Cadinen für die Besucher aus Sexten oder Cortina Inland geworden.

Freilich, die an Erstbesteigungen interessierten Bergführer im Ampezzo und im Sextentale wußte sehr bald, daß dort noch vieles zu holen war. So wurden die Cadinen gewissermaßen nachbarlich erschlossen. Dieses einzigartige Wunderland der Hundert Türme entwickelte sich zu einem imposanten Klettergarten, in dem sich die Besten aus Cortina mit den Besten aus Sexten die Gipfel streitig machten. Dies spiegelt sich deutlich in der Erschließungsgeschichte der Cadinen wieder. So wurde die höchste Cadinspitze, die Cima Cadin di S. Lucano, von dem Bergführer Ploner aus Schluderbach zum erstenmal erstiegen, die Südwestliche Cadinspitze von dem Ampezzaner Bergführer Siorpaes, die Nordwestliche Cadinspitze von Sepp Innerkofler.

Daneben wurden auch bekannte Alleingänger der damaligen Zeit tätig. So hat der Freiherr von Ompteda, der sich im Innerfeldtal eine Heimstätte geschaffen hatte, die Nordwestliche Cadinspitze zum erstenmal von Westen her bestiegen. Auch der berühmte Hans Dülfer, der sich in den Sextner Dolomiten die schwierigsten Wände und Gipfel ausgesucht hatte, setzte seine alpinen Unternehmungen in den Cadini fort. Theodor Wundt, nicht nur als Bergsteiger, sondern auch als Verfasser alpiner Romane bekannt, erstieg als Erster den Kleinen Popena. Nicht zu vergessen die beiden etwas exaltierten Schwestern Rolanda und Ilona Eötvös, aus einem reich begüterten ungarischen Grafengeschlecht, die sich ausgerechnet die Cadinen zu ihrem Klettergebiet ausgewählt hatten und dort die kühnsten Erstbesteigungen ausführen konnten. Dafür als Beispiel der „Teufelsturm", italienisch Torre del Diavolo. Es gibt wohl in den Dolomiten keinen Felsturm, der so unglaublich kühn geformt ist, wie ein Fabrikschlot möchte man sagen. Noch war dieser Turm von niemandem erstiegen worden. Das reizte die Schwestern Eötvös. Be-

Rechts von den Bödenknoten, die lange Schatten in die Schutthänge zu ihren Füßen werfen, erhebt sich die einsame Marmarolegruppe.

gleitet von drei Bergführern aus Cortina, Antonio Dimai, Giovanni Siorpaes und Agosto Verzi, machten sie sich am 4. August 1903 an diesen Turm heran. Aber man konnte keinen Aufstieg finden. So wurde der Gipfel des Gobbo, ein knapp daneben liegender Turm, bestiegen. Von einem ungefähr auf gleicher Höhe liegenden Felszacken wurde eine Seilschlinge über einen Zacken des Torre del Diavolo geworfen und dieser Zacken wie mit einem Lasso eingefangen. Dann wurde das Seil gespannt und gesichert. Auf dieser kühnen Seilbrücke hangelten sich die beiden Schwestern mit ihren Bergführern hinüber und überwanden damit den über 20 Meter breiten Spalt, der den Torre del Diavolo vom Gobbo trennt.
Aus dieser kurzen Schilderung kann einer, der sich als guter Kletterer fühlt, ersehen, was ihn in den Cadinen erwartet. Er findet Zacken und Türme, Pfeiler und Gipfel dicht nebeneinander und kann daran seine Wahl treffen, mittelschwer, schwierig und äußerst schwierig, je nachdem.

Wer also von den Sextner Dolomiten auf die Cadinen zielt, muß sich gründlich umstellen. Vor allem muß er auf vieles verzichten. Sexten mit seinen heimeligen Gaststätten hat ihn verwöhnt. Wenn er sein eigenes Zelt mitbringt, um so besser. Sonst ist er auf die einzige Schutzhütte im Zentrum dieses Gebietes, das Rifugio Fratelli Fonda-Savio, angewiesen. Er muß sehen, wie er dabei auskommt und trotzdem das Programm, das er sich für seine Touren in den Cadini zurechtgelegt hat, erfüllen kann. Eines ist sicher. Er wird, vom Ceria-Merlone-Klettersteig auf die Nordöstliche Cadinspitze einmal abgesehen, kaum Menschen begegnen und wird sich in jene Zeit, da die Alpen noch nicht restlos erschlossen waren, zurückfühlen können. Jedem Bergsteiger, der die Einsamkeit sucht, der mit den Bergen allein bleiben will, seien die Cadinspitzen empfohlen.

Der letzte Vorschlag richtet sich an jene, denen es nicht nur um Berge geht, sondern auch um die Menschen, die in diesen Bergen leben, also um jene, denen das, was in diesem Buche über die Besiedlung des Sextentales und seine Geschichte gesagt worden ist und was sie selbst mit den Menschen dieses Tale erlebt haben und die dieses Erlebnis in geeigneter Form fortsetzen wollen. Ihnen sei ein Abstecher nach Bladen empfohlen. Bladen ist eine im Quellgebiet der Piave gelegene deutsche Sprachinsel. Doch trifft dieser Ausdruck nicht völlig zu; denn dieses Bladen hängt über die Jöcher und Pässe des Karnischen Kammes unmittelbar mit dem tirolischen Lesachtal zusammen. Der berühmte Wallfahrtsort Maria Luggau war jahrhundertelang auch für die Bladner bestimmend. Noch vor nicht zu langer Zeit ging alljährlich eine Prozession von Bladen über das Joch zur Gnadenstätte von Maria Luggau.
Die Geschichte dieser deutschen Gemeinde im italienischen Cadore ist schnell erzählt. Wer von Innichen nach Lienz fährt, sieht bald, nachdem er Sillian passiert hat, eine stolze, auf steilem Fels aufragende Burg, die das dort beginnende Villgratental beherrscht, die Burg Heimfels; heute nur mehr ein

Das gastliche Bladener Tal bietet viele schöne Wanderungen an. Links der Eggenkofel, 2333 m.

Dieses mächtige Bladener Bauernhaus zeigt den Stolz und Wohlstand der alten Bauerngeschlechter, die vor etwa 1000 Jahren aus Tirol hierherkamen.

romantisches Requisit für den Fremdenverkehr, jahrhundertelang aber die Stätte der Herrn von Heimfels, die sich das Villgratental hörig gemacht hatten. Dies ist ein reines Bauernland. Kräftige urgesunde Menschen leben dort. Doch nach dem alten Erbfolgegesetz Tirols konnte immer nur der älteste Sohn den Hof erben. Die „weichenden" Geschwister mußten sehen, wie und wo sie ihr Auskommen finden konnten. Kein Wunder, daß dieses karge Tal sehr bald übervölkert war. Dazu kam die harte Fron der Burgherren von Heimfels. So blieb diesen Menschen nur ein einziger Ausweg: ihre Heimat zu verlassen und auszuwandern. Dies geschah vor mehr als tausend Jahren. Was bedeutete es damals, auszuwandern? Nicht mehr als sich in der Nachbarschaft nach neuem Lebensraum umzusehen. So zogen die Villgrater in das benachbarte Lesachtal, und als auch dort kein Raum für sie war, stiegen sie über die niedrigen, noch durchaus im Almbereich liegenden Jöcher in das jenseitige Tal hinab. Es war das Quellgebiet der Piave, ein weites, offenes, noch unbesiedeltes Becken, etwa 1200 Meter hoch gelegen, im ganzen dem Villgratental ähnlich. Hier fanden sie genügend Weide für ihr Vieh. Sie rodeten den Bergwald, bauten sich aus dem Holz des Waldes Häuser, nicht anders als die Häuser ihrer Heimat waren und schufen sich in diesem Bergland am Fuß des Hochweißstein (Monte Peralba) eine neue Heimat: Bladen, italienisch Sappada. Seit dem Jahre 1866 gehört Bladen zu Italien.

Man kann von Sexten aus Bladen mit dem Wagen in einer Stunde erreichen. Man fährt über den Kreuzberg durch das Comelico, zweigt in San Stefano di Cadore von der Straße, die nach Venedig führt, ostwärts ab und erreicht, der Piave flußaufwärts folgend, nach einer beklemmend engen Schlucht ein weites, freies Gelände, das etwa an das Talbecken von Ampezzo oder Berchtesgaden erinnert. Berge in weitem Kranz rundum, ein freundliches Bauernland. Freilich, der erste Eindruck, den der Besucher in Bladen empfängt, ist verwirrend. Da stehen an der Straße durchaus fremdartig anmutende Hotels und Gaststätten. Wo bleibt das einfache, bäuerliche Bladen? Das Rätsel löst sich sehr einfach. Auch Bladen-Sappada ist inzwischen ein beliebter Fremdenort geworden.

Leider haben die deutschen und österreichischen Bergsteiger Bladen noch nicht entdeckt, aus dem einfachen Grund, weil es von Norden her schwer zu erreichen ist und die Dolomiten alles an sich ziehen. Doch sobald man sich näher mit den Menschen dieses Tales befaßt hat, merkt man, daß diese auf den Fremdenverkehr eingestellten Hotels und Gasthöfe einfachen Bauern gehören, die etwas abseits von der Straße wohnen und zwar in ihren alten, behaglichen Häusern, die ebenso gut in Villgraten stehen könnten. Und das Seltsame, das jeden entzückt, der nach Bladen kommt und den Weg zu diesen Menschen findet: Sie sprechen daheim noch ihren alten, urwüchsigen Dialekt. Für jeden Sprachforscher eine Fundgrube, um zu den Ursprüngen dieser Sprache zurückzufinden. Man sieht die alte schöne Tracht, man erkennt am Hausrat, am Werkzeug die handwerkliche Tüchtigkeit dieser Men-

schen und ihre urgesunde bäuerliche Gesinnung. Auch die alten Flurnamen sind noch durchaus lebendig, von Großdorf über Buiche, Kratten nach Oberbladen, wo Peter Pachner sein schönes, komfortables Hotel „Bellavista" gebaut hat.
Natürlich gibt es auch hier Wanderwege im Sommer, Skilifte im Winter und alles, was zu einem Fremdenort gehört. Die Berge ringsum haben zum Teil noch die ursprünglichen Namen behalten: Flächkofel, Scheibenkofel und so fort. Es sind durchwegs unschwer zu besteigende Gipfel. Im ganzen gesehen ein etwas bescheideneres Sexten, in dem man sich sehr bald zurechtfindet, und zu Hause fühlt.

Doch abgesehen von alledem, was dieses stille verträumte Bergland dem Besucher bietet, unvergeßlich bleibt es, was man in den Häusern dieser Bauern erlebt. Vor mehr als tausend Jahren haben sie dieses Hochtal besiedelt und sind trotzdem geblieben, was sie immer waren, aufrechte, tüchtige und lebensgewandte Bauern. Vor einigen Jahren haben die Bladner in großer Zahl Villgraten besucht, um die Heimat ihrer Urväter kennenzulernen und fanden, daß sich nachbarlich nichts geändert hat, auch wenn die Bladner seit vielen Generationen italienische Staatsbürger sind.

Man erlebt an diesen Menschen, die in ihrer Abgeschlossenheit vieles erhalten haben, was in Sexten und darüber hinaus längst verloren gegangen ist, förmlich jene Zeit wieder, in der die ersten Bauern aus dem Norden in diese Berge gekommen sind, und fühlt sich in vergangene Jahrhunderte zurückversetzt. Tausend Jahre wie ein Tag — möchte man sagen oder, wie es ein alter Bauernspruch verkündet: Die Menschen gehen, die Berge bleiben."

Aufstieg zum Hochebenkofel, 2905 m (Seite 63). Über der waagrecht gebankten Felswand der zerrissene Gipfelaufbau der Dreischusterspitze.

Wanderungen, große Gipfelfahrten, Eisenwege, Skitourenmöglichkeiten und empfehlenswerte Kletterrouten in den Sextener Dolomiten – eine Auswahl in Stichworten

Wanderungen

Rund um die Drei Zinnen
Eindrucksvolle Rundtour im Herzen der Sextener Dolomiten. Markiert. Von der Auronzohütte (bis dorthin mit Kfz) über den Paternsattel zur Drei-Zinnen-Hütte; weiter über die Lange Alpe auf Weg Nr. 105 zur Forc. Cima di Mezzo und zurück zur Auronzohütte. Etwa 3 bis 3 1/2 Std.

Oberbachernspitze, 2677 m
Gipfel westlich des Einsers, schöner Aussichtsberg. Markiert. Stützpunkt: Rif. Zsigmondy/Comici, 2235 m, CAI-Sektion Padua, bew. vom 15. 6. bis 25. 9., 40 B, 40 M.
Vom Fischleinboden zur Talschlußhütte, weiter im Boden des Bacherntales zur Hütte. 2 1/2 Std. vom Parkplatz. Westl. zur Büllelejochhütte, 2528 m, und auf den Gipfel der Oberbachernspitze, 1 1/2 Std.
Zurück zum Büllelejoch und auf Weg Nr. 101 zur Drei-Zinnen-Hütte, 2 Std. Durch das Altensteinertal zum Fischleinboden zurück, etwa 1 1/2 Std.

Große Gipfelfahrten

Hochebenkofel, 2905 m – **Birkenkofel,** 2922 m
Einsame Gipfelziele in der Haunold-Gruppe. Markiert. Vom Höhlensteintal über den Mitteralplsee und die Lückelescharte auf den Hochebenkofel, etwa 4 Std. der Übergang zum Birkenkofel fordert Schwindelfreiheit und etwas Klettergeschick, 1/4 Std. vom Hochebenkofel.

Schusterplatte, 2957 m
Leichtester Gipfel im Massiv der Dreischusterspitze. Stützpunkt: Drei-Zinnen-Hütte, 2438 m, CAI-Sektion Padua, bew. vom 20. 6. bis 30. 9., 90 B, 100 M.
Von der Hütte über den Sattel des Innichriedl auf die Schusterplatte. Trittsicherheit erforderlich, 2 1/2 Std. von der Drei-Zinnen-Hütte.

Hochbrunnerschneide, 3061 m
Großzügiges Gipfelziel in der Gruppe des Elfers. Stützpunkt: Rif. Zsigmondy/Comici, siehe unter Oberbachernspitze.
Von der Hütte an den Nordabstürzen des Zwölfers vorbei ins Innere Loch und östl. über Schnee, Schutt und Schrofen auf den breiten Gipfelgrat. Trittsicherheit und Orientierungsgabe erforderlich, etwa 3 Std. von der Hütte.

Paternkofel, 2746 m
Gesicherter Kriegssteig „De Luca – Innerkofler.
Stützpunkt: Drei-Zinnen-Hütte, siehe unter Schusterplatte.
Charakter: Originelle Steiganlage durch einen Kriegstunnel.
Schwierigkeit: Keine technischen Schwierigkeiten, Trittsicherheit und Schwindelfreiheit erforderlich.
Zeit: $1^1/_2$ Std. von der Hütte.

Sextener Rotwand, 2939 m
Gesicherter Steig
Charakter: Landschaftlich schöne Steiganlage, überall Spuren des Gebirgskrieges 1915/1917.
Schwierigkeit: Leichter Eisenweg, Trittsicherheit erforderlich.
Zeit: 3–$3^1/_2$ Std. von der Rotwandwiese.
Hinweis: 1978 wurde von der Berti-Hütte aus ebenfalls eine Steiganlage auf die Sextener Rotwand eröffnet. Damit Kombinationsmöglichkeit sowohl mit der via „Aldo Roghel" als auch mit dem Alpiniweg gegeben.

Via ferrata „Aldo Roghel – Cengia Gabriella"
Stützpunkt: Rif. Berti, 1950 m, CAI-Sektion, bew. vom 15. 6. bis 25. 9., 56 B.
Charakter: Großartige Steiganlage inmitten wilder Felsszenerien.
Schwierigkeit: Anspruchsvollste via ferrata in den Sextener Dolomiten, nur erfahrenen Bergsteigern anzuraten. Ausdauer, absolute Schwindelfreiheit und Trittsicherheit notwendig.
Zeit: $6^1/_2$–$7^1/_2$ Std. von der Berti- zur Carducci-Hütte.

Alpiniweg, „Strada degli Alpini"
Stützpunkt: Rif. Zsigmondy/Comici, siehe unter Oberbachernspitze.
Charakter: Berühmtester der gesicherten Steige in den Sextener Dolomiten, vergleichbar mit Teilstrecken des Bocchette-Weges in der Brenta-Gruppe.
Schwierigkeit: Bei guten Verhältnissen keine Schwierigkeiten, Trittsicherheit und Schwindelfreiheit jedoch notwendig.
Zeit: Rif. Zsigmondy/Comici – Rif. Berti 5–6 Std.
Hinweis: Kombinationsmöglichkeit mit via ferrata „Aldo Roghel – Cengia Gabriella" und Sextener Rotwand.

Nordöstliche Cadinspitze, 2790 m
Via „Merlone"
Stützpunkt: Fonda-Hütte, 2359 m, CAI-Sektion Triest, bew. vom 15. 6. bis 20. 9., 25 B, 58 M.
Charakter: Schöne, kurze via ferrata inmitten der bizarren Felsenwelt der Cadini di Misurina.

Schwierigkeit: Keine technischen Schwierigkeiten, da überlange „Feuerwehrleitern“, Trittsicherheit und Schwindelfreiheit jedoch notwendig.
Zeit: 1½ Std. von der Hütte.
Hinweis: Übergang von der Fonda-Savio-Hütte zur Auronzohütte möglich (Bonacossa-Weg), landschaftlich sehr schön.

Skitourenmöglichkeiten

Hochebenkofel, 2905 m
Großartige Skitour in einsamer Dolomitenlandschaft. Ausgangspunkt: Innerfeldtal, Auffahrt mit Kfz bis etwa 20 Min. unterhalb der Dreischusterhütte möglich. Schwierigkeit: Steiler Gipfelhang, zu Zeiten nicht lawinensicher. Beste Zeit: März bis Mai. Höhenunterschied: etwa 1400 m. Aufstiegszeit: Etwa 5 Std.

Bacherntal — Altensteinertal
Eindrucksvolle, hochalpine Skitour im Banne von Zwölfer und Drei Zinnen.
Ausgangspunkt: Dolomitenhof auf dem Fischleinboden.
Schwierigkeit: Im Bachertal zu Zeiten Lawinengefahr, teilweise sehr steile Hänge; Übergang Rif. Zsigmondy/Comici — Büllelejoch — Drei-Zinnen-Hütte unproblematisch; Abfahrt durch das Altensteinertal nicht immer lawinensicher. Beste Zeit: März bis Mai. Höhenunterschied: etwa 1200 m. Aufstiegszeit: Etwa 5 Std.

Kletterfahrten

Gruppe der Drei Zinnen
Viel begangene Modetouren und wenig bekannte Routen, aber nicht weniger schöne, führen südseitig auf die nur knapp unter der 3000-Meter-Grenze liegenden Gipfel der Zinnen. Der Kletterer beachte, daß ein Schlechtwettereinbruch in dieser Höhe sehr schnell Schneetreiben nach sich ziehen kann.
Stützpunkte: Auronzo-Hütte (Mautstraße), 2320 m; Lavaredo-Hütte, 2300 m; Drei-Zinnen-Hütte, 2438 m.

Große Zinne, 2999 m — Normalweg
Sehr beliebter Anstieg mit abwechslungsreicher Kletterei, darf aber nicht unterschätzt werden. Viel begangen, Steinschlaggefahr! Trotz Markierung Orientierungssinn erforderlich. Schwierigkeiten: stellenweise II, sonst I. Ein-

stieg, zwischen Großer und Kleiner Zinne, mit rotem Dreieck gut markiert. Anstieg mit roter Farbe stellenweise markiert. Zeitaufwand: Von der Lavaredo-Hütte bis Einstieg 30 Minuten, Einstieg bis Gipfel 2—2½ Std.

Große Zinne, Südwand — „Mosca-Kamin"
Wenig begangener Anstieg über die Südwand. In Verbindung mit dem Abstieg über den Normalweg sehr lohnend.
Schwierigkeiten: III. Den Einstieg des eigentlichen Kamins erreicht man am besten vom Normalweg aus; dieser wird in Höhe des „Unteren Terrassenbandes" verlassen und nach links gequert. Zeitaufwand: Vom Einstieg des Normalanstiegs bis zum Gipfel 2½—3 Std.
Die Farbmarkierungen des Normalweges sind beim Abstieg nicht leicht zu erkennen.

Kleine Zinne, 2856 m, Südwestwand — Normalweg
Reizvoller, teilweise ausgesetzter Anstieg, viel begangen. Orientierungssinn erforderlich. Schwierigkeiten: stellenweise III, sonst II, nur der Vorbau ist leichter (I). Zeit: Vom Einstieg ca. 2 Std. Der Einstieg befindet sich am Wandfuß rechts der Geröllrinne, die zwischen Großer und Kleiner Zinne herabzieht (Steinmänner auf dem Vorbau).
Abstieg: einbetonierte Haken auf der Anstiegsroute.

Kleine Zinne, Überschreitung, Molin-Führe/Innerkofler-Führe
Für die Freude schwieriger Freiklettertouren im festen Fels ist die Molin-Führe durch die Südwand mit ihrer geraden Linienführung ein Leckerbissen. Daß diese nicht auf dem Gipfel endet, sondern nur auf der Schulter zwischen Kleiner Zinne und Punta di Frida tut dem Genuß keinen Abbruch: der Weiterweg auf der Nordseite über die Innerkofler-Führe bietet sich an, zwar um einiges leichter, aber nicht weniger reizvoll.
Schwierigkeiten: Molin-Führe V, selten leichter; Innerkofler-Führe III, selten leichter. Zeit: Vom Einstieg bis zum Gipfel 5 Std. Der Einstieg befindet sich ca. 100 m rechts der Gelben Kante, am Wandfuß der Schulter.
Der Abstieg erfolgt über die Normalführe. Abseilhaken, gut zu finden.

Kleinste Zinne, 2700 m, Nordostwand, „Preuß-Riß"
Dieser markante, vom Patternsattel gut einzusehende Riß vermittelt höchste Kletterfreuden — nicht umsonst eine ausgesprochene Modetour.
Sehr luftige Freikletterei im mittleren Schwierigkeitsbereich.
Schwierigkeiten: stellenweise V—, meist IV, selten leichter.
Zeitaufwand: In wenigen Minuten vom Paternsattel zum Einstieg am Vorbau. Für die Kletterei 2—3 Stunden.
Abstieg: Abseilroute durch die Dülferschlucht zwischen Kleinster Zinne und Punta di Frida. Einbetonierte Abseilhaken. Vorsicht: man lasse sich nicht durch Abseilschlingen verleiten, vom Gipfel direkt in die Schlucht abzuseilen!

Kleinste Zinne, Ostwand, „Morandi-Führe"
Zwar kurze, aber sehr interessante Freikletterei unmittelbar östlich des Preuß-Risses. Ideal griffiger Fels.
Schwierigkeit: stellenweise V+, sonst IV, selten leichter.
Zeitaufwand: 3—4 Std. vom Einstieg. Dieser befindet sich 20 m links des Vorbaues; oder besser: über den vorgelagerten Turm und nach dem großen Spreizschritt auf schmalem Band nach links in die Originalführe queren.

Paternkofel, 2746 m, Nordwestkante
Die markante, vom Paternsattel aus gut sichtbare Kante vermittelt Genußklettern im festen Fels und in großartiger Landschaft. Die unmittelbare Nähe der Nordwände der Drei Zinnen vermittelt einen nachhaltigen Eindruck. Schwierigkeiten: stellenweise IV, meist III und II. Orientierungssinn erforderlich. Zeitaufwand: Von der Drei-Zinnen-Hütte bis zum Einstieg 1 Std. Für die Kletterei $2^1/_2$—3 Std.
Abstieg: über die teilweise drahtseilversicherte Ostflanke (Normalweg).

Paternkofel, Nordost-Kamin, „Oppel-Kamin"
Im Führer „nur" mit III eingestuft, aber beim ersten Anblick doch sehr beeindruckender Kamin. Reizvolle Kaminkletterei, die respektvoll ausschauenden „Überhänge" erweisen sich als interessante und gut machbare Kletterstellen. Schwierigkeiten: III, teilweise anstrengend. Zeitaufwand: 3 Std. ab Einstieg. Der Einstieg an der Mündung des tief eingerissenen Kamins wird über einen Schrofenvorbau vom Ende des Stollenloches des Normalweges erreicht.

Gruppe des Zwölfers
Wer dem Betrieb um die Drei Zinnen überdrüssig geworden ist und die Einsamkeit schätzt, der findet in der Gruppe des Zwölfers einige Schmankerl. Eine erst in den letzten Jahren eröffnete Route sei kurz vorgestellt.

Punta Grigia, 2604 m, Südwestverschneidung, „Goedecke-Führe"
Diese lohnende Kletterei in meist gutem Fels muß allerdings mit einem „langen" Zustieg erkauft werden.
Stützpunkt: Lavaredo-Hütte oder Biwakschachtel „Bivacco dei Toni" (6 Lager, selten besucht).
Schwierigkeiten: stellenweise V, meist IV, Vorbau II und I.
Zeitaufwand: Von der Lavaredo-Hütte bis zum Einstieg 2 Std., von der Biwakschachtel 20 Minuten.
Im Stil und in der Schwierigkeit ist diese Klettertour dem Preuß-Riß vergleichbar (die Schlüsselstelle ist allerdings schwerer).

Bilder-Verzeichnis

Das Pustertal mit den Sextener Dolomiten 9
Auf dem Gipfel der Hochbrunnerschneide 12
Die Schusterplatte von der Zinnenhütte 13
Innichen mit dem romanischen Münsterturm 16
Das Portal des Münsters von Innichen 18
Die Heilig-Grab-Kapelle in Innichen 21
Alter Bergbauernhof im Sextener Tal 27
Die Grabstätte der Familie Innerkofler 29
Eine „Harpfe" zum Getreide-Nachreifen 30
Die Kirche von Sexten mit Rotwand und Elfer 33
Spätsommer im Sextner Tal 36/37
Gewitterstimmung über dem Rotwandgipfel 40
Der alte Bergführer Rogger 43
Stellungsbauten von 1915/17 an der Rotwand 45
Der Kreuzbergpaß mit seinen Raststätten 50
Ein besonders markanter Ausblick am Alpiniweg 53
Bei der Oberhütte im Innerfeldtal 57
Blick von der Lückelescharte nach Südosten 60/61
Fischleintal mit Rotwand und Elfer 64
Die Marmarolegruppe vom Büllelejoch 67
Der Einser mit seiner Nordwand 71
Die Zsigmondy-Comici-Hütte 73
Der Hochleist vom Bacherntal 75
Die Sextener Sonnenuhr 77
Die kleine Carducci-Hütte unter dem Giralbajoch 79
Der Zwölfer vom Aufstieg zur Zsigmondy-Comici-Hütte 81
Die Paternkofel-Gruppe von der Zinnenhütte 84/85
Das Zinnenplateau vom Aufstieg zum Paternkofel 88
Abseil-Übung am Frankfurter Würstl 91
Zinnengruppe im blauen Mittagslicht 97
Abendsonne auf den Drei Zinnen 100/101

Panorama der Sextener Dolomiten von der Rotwand zum Zwölfer von der Oberbachernspitze, 2677 m